아이 맘을 읽어 주는

미디어융합독서와 창의성 발달

이 연 순

창지사

머리말

20년이 넘는 시간 동안 그림책과 동화를 통해 아이들뿐만 아니라 청소년, 성인, 노인에 이르기까지 많은 사람들을 만났습니다. 어린 유아들에게는 재미있는 이야기 선생님, 청소년들에게는 진로를 함께 고민하는 선생님, 성인들에게는 제2의 삶을 살 수 있는 기회를 만들어 주는 프로그램으로 다가갔습니다. 세대를 넘나들며 아우를 수 있었던 것은 그림책, 이야기 덕분이었습니다. 그림책을 매개로 수업을 하면서 진정 그림책이야말로 0세부터 100세까지 함께 볼 수 있는 책이라는 생각을 많이 했습니다.

누구나 그림책을 좋아하지만 가르치는 강사마다 색깔이 다 다릅니다. 나는 나의 색깔을 찾기 위해 많은 방법을 활용했습니다. 그러던 중 미디어와 융합하는 교육에 아이들이 더 많은 흥미를 보였고 수업이 진행될수록 아이들이 창의적인 사고와 문제해결력, 의사소통능력, 비판적 사고력이 향상되는 것을 보았습니다. 현장에서 6년의 시간 동안 미디어융합독서를 진행하면서 아쉬웠던 나만의 프로그램을 체계화해야겠다는 생각이 들었습니다. 그래서 창의콘텐츠 전공 대학원에 진학하고 프로그램의 이론을 만들고 체계화하기 시작했습니다.

그 프로그램이 바로 미디어융합독서입니다. 미디어융합독서는 태어나면서부터 이미 디지털 환경에서 자라는 아이들에게 미디어의 올바른 이해와 디지털 환경에서의 바른 가치관을 심어 줄 것입니다.

이 책은 3부와 부록으로 구성되었습니다. 제1부에서는 디지털 네이티브인 우리 아이들의 독서가 변하고 있는 이유와 미디어융합독서의 이해, 미디어융합독서의 전략과 방법에 대해서 이야기했습니다. 방법에서는 그림책을 예로 들면서 실제 아이들과 활동할 수 있는 방법을 제시했습니다.

제2부는 우리 아이들의 마음을 어떻게 읽어 주어야 하는지, 왜 아이들의 마음 읽기가 중요한지에 대해 실제 교육현장에서 만났던 아이들의 경우를 사례로 들었습니다.

마지막 제3부에서는 옛이야기를 통해서 창의 인성 덕목을 미디어융합독서로 키우는 방법을 연습할 수 있도록 옛이야기와 방법을 자세히 수록하겼습니다.

그리고 부록으로 책 읽기 방법, 12차시 교육계획안, 미디어융합독서의 도구인 질문카드, 행동카드, 표현카드를 넣었습니다. 이 카드는 잘라서 활용할 수 있도록 하였습니다. 수업 중에 질문을 하고 질문에 대한 답을 아이들이 행동카드를 뽑아서 행동카드에 제시된 미션을 수행하면 됩니다. 미디어융합독서의 도구인 질문카드와 행동카드는 아이들의 창의력을 키우는 열쇠입니다. 열쇠를 잘 활용해서 잠겨 있는 아이들의 창의력을 열어 주길 바랍니다.

끝으로 이 책을 쓰기 위해 도움을 주신 김신애 선생님, 최은희 선생님께 진심으로 감사드립니다.

2019년 10월

이연순

차 례

∞ 제2부 그림책 읽어 주기 ∞

∞ 제3부 이야기코딩 연습 ∞

제 1 부

디지털 네이티브와 독서

제 1 장

디지털 네이티브의 독서

"옛날 옛적에 이야기를 아주 좋아하는 할머니가 살았어. 할머니는 매일 할아버지께 이야기를 해 달라고 졸랐지…"

어린 시절 할머니가 나에게 들려주시던 옛이야기다. 그땐 "할머니, 할머니가 왜 이야기 듣기를 좋아해요. 할머니는 이야기를 해 주는 사람인데?"라고 질문을 하기도 했다. 그러면 할머니는 나에게 차근차근 설명해 주셨다. 지금은 다 기억나지 않지만, 할머니의 이야기는 매일 밤 나에게 즐거운 상상을 하게 해 주었다. 이렇게 할머니의 이야기를 듣고 자란 나는 이제 아이들과 할머니들에게 이야기를 들려주는 이야기꾼이 되었다. 20여 년간 이야기 선생님으로 살아오면서 아이들에게 이야기, 동화는 아이들이 미래를 살아가는 데 필요한 힘의 원천이 된다는 것을 알았다.

빠르게 변화하는 이 시대의 아이들은 디지털 네이티브다. 즉, 디지털 원주민이라는 말이다. 원주민은 태어나면서부터 이미 환경이 조성된다는 의미다. 태어나면서부터 디지털 기기를 접하고 디지털 기기로 교육을 받는다. 기성세대 디지털 이민자와는 전혀 다른 세상을 살고 있는 것이다.

미래 교육의 핵심 키워드를 소개한 『다섯 가지 미래 교육 코드』(2017)의 저자 숭실대 교육개발센터 김지영 교수는 아이들이 미래에 행복하기 위해 꼭 갖춰야 할 능력으로 '자기력, 인간력, 협업력, 창의융합력, 평생배움력' 이 다섯 가지를 꼽고 있다. 자기력이란 자기를 이해하는 능력으로, 자기를 사랑하고 자기를 돌보는 힘이다. 이는 누구나 갖고 있을 것이라고 생각하지만 그렇지 않은 아이들도 많다고 한다. 가장 기본적인 능력임에도 불구하고 자기를 돌보는 능력이 부족해서 문제가 발생할 수 있다는 것이다. 인간력은 우리가 흔히 말하는 인성과 감성을 말한다. 이는 미래 사회를 살아가는 데 기계에 맞설 수 있는 능력이다. 인공지능은 이미 인간의 능력을 넘어섰다. 그러나 인공지능이 할 수 없는 것이 있으니 바로 이 인간력, 인성과 감성이다. 그러므로 인성과 감성은 미래 사회를 살아갈 우리 아이들이 꼭 갖추어야 할 덕목이다. 협업력은 이 시대의 아이들에게 필요한 사회적 자본이다. 디지털 네이티브인 우리 아이들은 '개인의 능력'보다는 '우리의 힘'이 요구되는 시대를 살아간다. 공동체, 시민의식이 중요해졌다는 의미이다. 창의융합력 또한 우리 아이들에게 꼭 필요한 능력이다. 자기 전문분야에서의 인지적 사고와 인지적 능력보다는 감지적 사고와 감지적 능력을 발휘하여 전문분야뿐만 아니라 다른 분야의 일에도 넘나들 수 있는 능력, 사고의 유연성까지 길러 줘야 한다는 것이다. 그리고 평생배움력은 평생학습 시대에 언제든 배움을 두려워하지 말라는 것이다. 변하지 않을 것 같은 이론들의 오류가 드러나는 지식의 반감기가 점점 빨라지고 있는 이 시대에 빠른 변화에 대응하면서 살아갈 우리 아이들은 언제 어디서든 끊임없이 배움을 이어가야 한다. 이런 평생배움력은 배움의 즐거움을 주고 책 읽기를 평생 성장의 친구로 삼을 수 있도록 해 준다. 김지영 교수는 이러한 다섯 가지 능력에 대해 "장거리 달리기를 하려면 기초체력이 튼튼해야 마지막까지 뛸 수 있듯이 어릴 때부터 가르쳐야 할 능력이다."라고 말한다.

급변하는 사회 환경에 부모들은 불안해한다. 내 아이가 살아갈 미래를 탄탄하게 설계해 주고 싶은 것은 부모로서 당연한 생각이다. 그러나 어떻게 살아갈지를 아이 스스로 결정하는 것이 아니라 부모가 설계하고 디자인한 대로 살아가게 된다면 과연 옳은 일인가 하는 의문을 가질 수밖에 없다. 그러면 부모는 어떻게 해야 할까?

부모는 아이에게 배움을 밀어붙이는 '교육 코디네이터'가 아닌, 아이가 자신의 능력을 끌어낼 수 있도록 도움을 주는 '학습 코치'가 되어야 한다. 이제는 "아이들에게 가장 좋은 교사는 부모다."라는 말이 더욱 절실히 요구되는 사회가 되었다. 부모뿐만 아니라 아이들을 가르치는 교사 역시 가르치는 것이 아니라 아이의 생각을 끌어내 줄 수 있는 조력자가 되어야 한다. 특히, 어릴 때부터 들려주는 이야기는 미래를 살아가는 아이들에게 삶의 방향과 가치를 알려 준다. 어린아이에게 엄마 아빠의 목소리로 동화를 들려준다면 장거리 달리기를 해야 할 아이에게 기초체력을 길러 주는 것이다.

동화를 재미있게 이야기해 주거나 감정을 살려 그림책을 읽어 준다면 아이들은 이야기 속으로 들어가 세상을 살아가는 방법과 힘을 얻을 수 있다. 장거리 달리기를 하다가 넘어지더라도 일어날 수 있는 힘, 근력을 키워 주는 것이 아이를 키우는 부모로서, 아이들의 미래를 풍요롭게 만들어 줄 교사로서 해야 할 일이다.

이 책은 디지털 네이티브로 살고 있는 우리 아이들에게 왜 동화를 들려줘야 하는지, 어떻게 하면 아이들이 동화를 재미있게 들을 수 있는지, 어떻게 동화를 들려줘야 마음의 근력을 키울 수 있는지에 대한 방법을 이야기하고 있다.

이야기를 구연하고 코딩하고 미디어와 융합하여 표현하는 과정을 통해서 미래사회를 살아갈 우리 아이들에게 창조적 무의식을 깨우고 마음의 근력을 키울 수 있는 힘을 주고 있다.

1 왜 아이들에게 동화를 들려줘야 할까?

부모 세대보다 더욱 빠르게 변화되는 이 시대를 살아가는 우리 아이들, 디지털 네이티브에게 무엇을 가르쳐야 할까?

미국의 '21세기 역량을 위한 파트너십(Partnership for 21st Century Skills)'에서는 21세기 사회에서 삶과 직업을 영위하는 데 필요한 역량으로 비판적 사고와 문제해결 역량, 창의성 역량, 의사소통 역량, 협업 역량을 꼽고 있다. 교육부에서도 '창의융합형 인재양성'이라는 목표를 두고 교육개정안을 발표하고 교육의 방향을 잡고 있다.

또한, 미국의 경제 잡지 『포춘(*Fortune*)』의 편집장 콜빈(Colvin)은 인공지능이나 로봇에 비하여 인간이 우위에 있는 7가지 능력을 제시했다. 콜빈은 "인간은 기계에 비하여 월등히 앞서는 능력을 갖추고 있으며, 새로운 미래 사회에서도 이러한 능력이 있기에 잘 대응할 수 있다."라고 말하였다. 그가 말한 능력은 '공감, 사회적 민감성, 창의성, 스토리텔링 능력, 유머, 관계 맺기, 지도력'이다.

이렇듯 학자들이 내놓는 미래의 인재상은 인간만이 할 수 있는 고유의 능력이며, 이는 어릴 때부터 길러져야 하는 것이다. 아이에게 문제 하나를 더 맞추게 하고 영어 단어를 하나 더 외우게 하는 것은 미래를 살아갈 우리 아이들에게 그리 중요하지 않다. 그보다 먼저 창의성과 인성, 감성교육 그리고 협업할 수 있는 역량을 키우는 데 힘써야 한다.

이젠 인공지능 기계가 인간이 해야 하는 일들을 더 빠르고 정확하게 수행하고 있다. 반복학습으로 정답을 찾아내는 일은 인공지능이 인간을 능가한다. 그러나 인공지능이 인간을 따라잡을 수 없는 게 있다. 그것은 바로 '창의적 사고'이다. 창의적 사고란 기존의 지식이나 경험을 바탕으로 자신만의 것을 만들어 내는 능력이다. 이는 다양하게 일어나는 자신의 내적 정서와 공감을 살피고 지식의 구성과 세상을 바라보는 통찰을 통해서 창조적 무의식의 세계를 깨우는 것이다.

이것이 지금이라도 주입식 암기 교육을 탈피하고 창의적 사고를 길러 주는 새로운 교육 패러다임을 수용해야 하는 이유다. 디지털 네이티브인 우리 아이들이 언제든 자유롭게 질문을 던지고 "왜?"라고 물으며 사람과의 관계에 대해 배울 수 있는 교육이야말로 미래 교육의 핵심이다. 그러므로 아이들에게는 반복학습으로 습득되는 인지적 사고가 아니라 아이들의 내적 욕구와 통찰, 정서와 공감을 통해서 지식을 구성해 나가는 힘이 필요하다. 수동적으로 받아들이던 지식 단계를 벗어나 문제의식을 가지고 스스로 답을 찾아가는 교육이 더욱 절실히 요구된다.

그런 의미에서 아이들이 좋아하는 이야기, 동화는 내적 욕구와 정서적 공감을 찾아내는 강력한 힘을 가지고 있다. 이야기 속의 사건에 몰입하면서 자신의 경험과 빗대어 문제를 해결하는 방법을 찾기도 하고, 이야기 속의 사건이 이야기를 듣는 아이들에게 생길 수 있는 문제를 스스로 해결할 수 있도록 힘을 길러 주기도 한다. 또한, 인간으로서 삶을 살아가는 데 필요한 감성, 로봇이 흉내 낼 수 없는 인간만이 느낄 수 있는 감성을 길러 주는 중요한 역할을 한다. 그러므로 동화는 지식의 습득이 아닌 지식의 구성을 필요로 하는 이 시대에 아이들의 미래를 풍요롭게 해 줄 것이다.

2 책 읽기가 변하고 있다

독서가 중요하다는 것은 누구나 알고 있다. 그러나 요즘 독서 인구가 점점 더 줄어들고 있는 것도 사실이다. 지하철 안의 풍경을 떠올려 보면 90% 이상이 스마트폰으로 영화를 보거나, 게임을 하거나, SNS를 하거나, 음악을 듣는다. 스마트폰이 손에 없으면 불안해하는 사람들도 종종 본다. 이렇듯 스마트폰은 우리 생활에 밀접하게 들어와 있다. 지하철에서 책을 보는 모습은 이제 찾기 힘들다. 책을 보더라도 스마트폰에 있는 전자책으로 본다. 이런 현상이 성인에게만 있는 것은 아니다. 스마트폰은 청소년, 심지어 영유아에게까지 깊숙이 파고들고 있다. 디지털 네이티브인 우리 아이들에게는 자연스러운 현상이다.

지하철에서 돌이 갓 지난 아이가 무엇이 불만인지 울자 엄마는 얼른 스마트폰을 꺼내어 아기가 좋아하는 영상을 보여 주었다. 그러자 아기는 금방 울음을 그치고 영상에 빠져들었다. 아주 익숙하게 영상을 보고 있는 아기를 보면서 어쩌다 한 번 보는 것이 아니라 자주 영상을 보는 듯한 느낌을 받았다. 디지털 기기가 아이들에게 좋지 않은 영향을 미친다는 것을 알고 있는 부모들도 아이가 좋아하니까 어쩔 수 없이 줄 수밖에 없다고 한다. 태어날 때부터 스마트폰을 쥐고 태어난 아이들, 이 아이들에게 디지털 기기의 순기능을 알려 줘야 하는 것은 부모와 교사, 성인들의 몫이다.

부모와 눈도 마주치지 않고 대화도 하지 않고 계속 영상만을 보여 달라고 떼를 써서 어려움을 겪는 부모를 만난 적이 있다. 부모는 맞벌이였고 큰아이가 4세, 작은아이는 이제 돌이 지난 아이였다. 할머니와 할아버지는 작은아이를 돌보는 것이 힘들어 큰아이가 어린이집에서 돌아오면 텔레비전에서 아이가 좋아하는 프로그램을 계속 보여 줬다고 한다. 엄마가 이 사실을 알고 텔레비전을 치웠더니 아이는 떼를 쓰며 폭력적으로 변했고, 보다 못한 할머니와 할아버지가 태블릿으로 아이가 좋아하는 영상을 보여 줬다. 이 아이에게서 태블릿을 없앴더니 아이는 더욱 폭력적으로 변해 갔고 아이의 심각성을 느낀 부모는 나를 찾아왔다. 그 아이에게 필요한 것은 엄마 아빠와의 애착 형성과 의사소통이었다. 그래서 그 아이와 책 읽기를 시작했다. 6개월이 지나고 아이는 엄마 아빠와 대화도 하고 태블릿을 찾지도 않았다. 그리고 아이는 어떻게 놀아야 하고 어떻게 의사소통을 해야 하는지 알게 되었다.

디지털 기술에 맞설 아이들을 키우기 위해 독서는 필수 덕목이다. 독서는 디지털 세상과 소통하고 디지털 세상을 성찰하며 잘 살아가기 위해 꼭 필요하다. 그러나 요즘 재미있고 흥미로운 재료가 많은 이 시대의 아이들에게 예전 방식의 독서는 관심을 끌지 못한다. 그래서 독서 방법도 바뀌고 있다. 그것이 바로 미디어융합독서다.

3 창의적 책 읽기: 미디어융합독서

1) 미디어융합독서는 창의적인 독서활동

최근 들어 '슬로우 리딩'이라든가 '한 학기 한 권의 책 읽기' 등 다양한 독서 방법이 나오고 있다. 많은 책을 읽기보다는 한 권의 책을 다양한 시각으로 바라보면서 아이들에게 융합적인 사고를 길러 주자는 의도이다. 한 권의 책을 읽으면서 온전히 책 한 권에 집중하고 이해하자는 것이다.

이것은 독서 방법이 바뀌고 있다는 것을 의미한다. 독서의 패러다임이 변한 것이다. 그러므로 유아기에 독서 방법을 다양하게 하여 아이들의 독서에 대한 흥미와 습관을 변하고 있는 독서 패러다임에 적응할 수 있도록 도와주어야 한다. 그 방법 중 하나가 아이들이 쉽고 재미있게 접할 수 있는 미디어를 활용하는 것이다.

미디어와 융합해서 하는 독서활동을 '미디어융합독서'라고 한다. 미디어융합독서는 책을 제대로 읽고 창의적인 생각을 하되 책과 미디어를 연결 지어 새로운 것을 창출해 내는 창의적인 독서활동이다. 책을 읽어 주고 난 후 아이들과 하는 확장 활동은 아이들에게 또 다른 경험을 하게 한다.

어린이들에게 꾸준히 사랑받고 있는 프란치스카 비어만 작가의『책 먹는 여우』(2001)에서 여우는 "소금 한 줌 툭툭, 후추 조금 톡톡" 뿌려서 맛있게 책을 먹는다. 책을 그냥 먹는 것이 아니라 소금과 후추를 뿌려서 더욱더 책의 맛을 살린다. 우리가 책을 읽을 때도 마찬가지다. 여우가 양념을 쳐서 책의 맛을 내듯이 책 읽는 맛을 살리는 양념이 필요하다. 그 양념은 다양하겠지만 구연으로 들려주는 이야기, 그리고 아이들과 함께하는 확장 활동이야말로 가장 좋은 양념이다.

동화구연 전문가가 아니더라도 이야기를 실감 나게 읽어 준다면 아이들은 책에 대한 흥미를 느낄 것이다. 또 이야기 속의 주인공과 대화를 하고 이야기의 이면에 있는 다른 내용을 끌어내고, 이야기의 사건과 배경을 재구성하여 다른 미디어 매체로 재생산해 낸다면 여우의 소금과 후추처럼 아이들의 책 읽기에 양념이 되지 않을까 생각한다.

아이들에게 구연 기법을 활용하여 그림책이나 이야기를 들려주고 주인공에게 질문하고 답하기를 하면 아이들은 자연스럽게 책 속으로 빠져든다. 아이들과 함께 재미있었던 장면이나 기억에 남는 장면들을 그림으로 표현하고 스토리보드를 만들어 만화로 만들어 볼 수도 있다. 이야기를 뉴스로 표현하기도 하고, 광고나 드라마로 재구성하기도 한다. 이렇듯 미디어 매체로 표현하기 활동은 그 어느 양념보다 책의 맛을 살려 줄 것이다.

2) 미디어로 소통하는 미디어융합독서

미디어융합독서는 독서를 통해서 미디어로 소통하는 방법을 배우는 것이다. 주제를 중심으로 그림책을 선택하고 그림책을 읽고 여러 가지 토의 방법을 활용하여 그림책의 내용을 다양한 미디어 매체로 재구성하는 창의적인 사고 활동이다.

미디어 환경에 따라 변하고 있는 교육환경, 그러나 변하지 않는 것이 있다. 그것은 바로 읽고 쓰고 듣고 말하는 소통 방법이다. 예전의 소통능력이 문해력이었다면 지금은 문해력보다는 미디어를 이해하고 미디어로 소통하는 것이다.

특히, 글자를 모르는 아이들은 부모의 목소리로 들려주는 이야기를 통해 부모와 소통하고 이를 통해 얻는 사고의 확장은 창의적 사고를 키우는 좋은 방법이다. 그러므로 책과 미디어를 연결시켜 우리 아이들이 디지털 시대의 문화를 이해하고 문화적 감수성으로 발전할 수 있도록 해야 한다.

3) 미디어융합독서의 체계

＊ 같은 내용 – 다른 해석 – 다른 결과(창의적 매체화)

- 1단계 수용단계: 그림책 읽기 및 동화 듣기
- 2단계 융합단계: 해석 및 변형
- 3단계 표현단계: 미디어로 내보내기

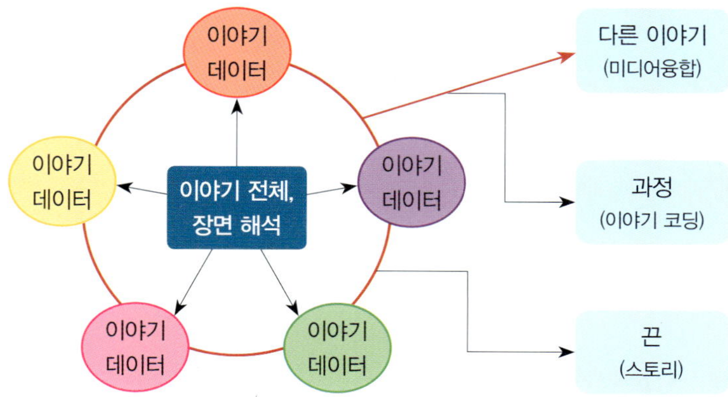

미디어융합독서는 독서 시스템이다. 즉, 이야기의 전체나 장면을 자의적으로 해석하고 만든 이야기 데이터를 하나의 주제로 엮어서 새로운 이야기를 만드는 활동이다.

아이들은 같은 이야기를 들어도 서로 다른 해석을 하고 그 해석 내용에 따라 아이들마다 다른 이야기가 나오는데 이때 나온 다른 이야기를 창의적으로 매체화시키는 독서활동이 바로 미디어융합독서이다. 쉽게 말하면, 그림책이나 이야기를 듣고 가장 감동을 받았던 장면이나 기억에 남는 장면을 그룹별 이야기 나누기를 통해 이야기 데이터를 모은다. 그다음에는 모인 이야기 데이터를 하나의 주제로 만들기 위해 끈으로 엮는 과정을 갖는다. 이 끈이 바로 스토리인데 읽거나 들었던 스토리가 아니라 아이들이 새롭게 만들어 내는 스토리이다. 아이들이 모은 이야기 데이터로 새로운 스토리를 만들고 이 스토리를 매체화시킨다. 이 과정을 3단계로 나눈다.

1단계인 수용단계는 그림책이나 동화를 들려주고 등장인물의 성격, 심리, 배경, 사건 등을 느낌으로 받아들이는 단계이다. 어린이들은 이야기를 듣고 이야기 속의 장면에서 자신의 경험을 끌어낼 수 있다. 그림책이나 이야기 속의 장면에서 자신의 경험을 빗대어 보면서 이야기를 받아들이고 내면화시키는 과정을 거친다. 이 단계에서는 질문카드와 행동카드를 활용하여 활동한다.

2단계인 융합단계는 수용단계에서 받아들인 이야기를 어린이들이 통찰, 구성, 정서, 공감, 욕구를 통해서 이해를 돕는 과정이다. 어린이들은 이야기를 이해하고 구체적인 질문을 통하여 주관적인 해석을 하면서 이야기를 변형한다. 이해하고 변형하는 과정에서 다양한 방법으로 이야기 데이터를 모으고 중심이 되는 이야기를 뽑아내는 코딩을 하게 되는데, 이 과정이 아이들에게 창의적 사고와 무의식을 활성화시킨다. 이때 마인드맵을 활용하여 생각을 체계화시킨다.

3단계인 표현단계에서는 새로운 이야기가 구성되는데 표현하는 방법을 직접 구성과 응용 구성 두 단계로 나눈다. 직접 구성은 이야기를 이해하고 해석한 내용으로 부분이나 전체를 표현하는 것이다. 응용 구성은 같은 이야기를 어린이마다 자신의 주관과 경험에 따라 다르게 해석하고 변형하는 것이다. 이렇게 직접 구성이나 응용 구성한 내용을 사실보고서 형식인 뉴스나 다큐멘터리 또는 주관적 스토리텔링을 통한 결과물인 드라마, 광고 등 다양한 미디어로 표현하게 된다. 이때 표현카드를 활용한다.

그러므로 창의적인 독서 방법인 미디어융합독서는 구성, 통찰, 정서, 공감, 욕구와 관련된 다양한 이야기나 그림책을 선정하고 아이들과 주제에 맞는 독서활동이다.

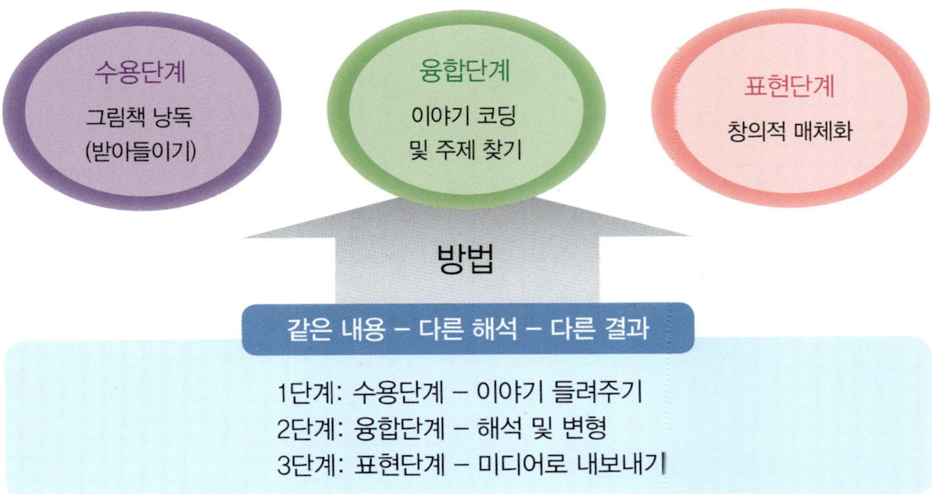

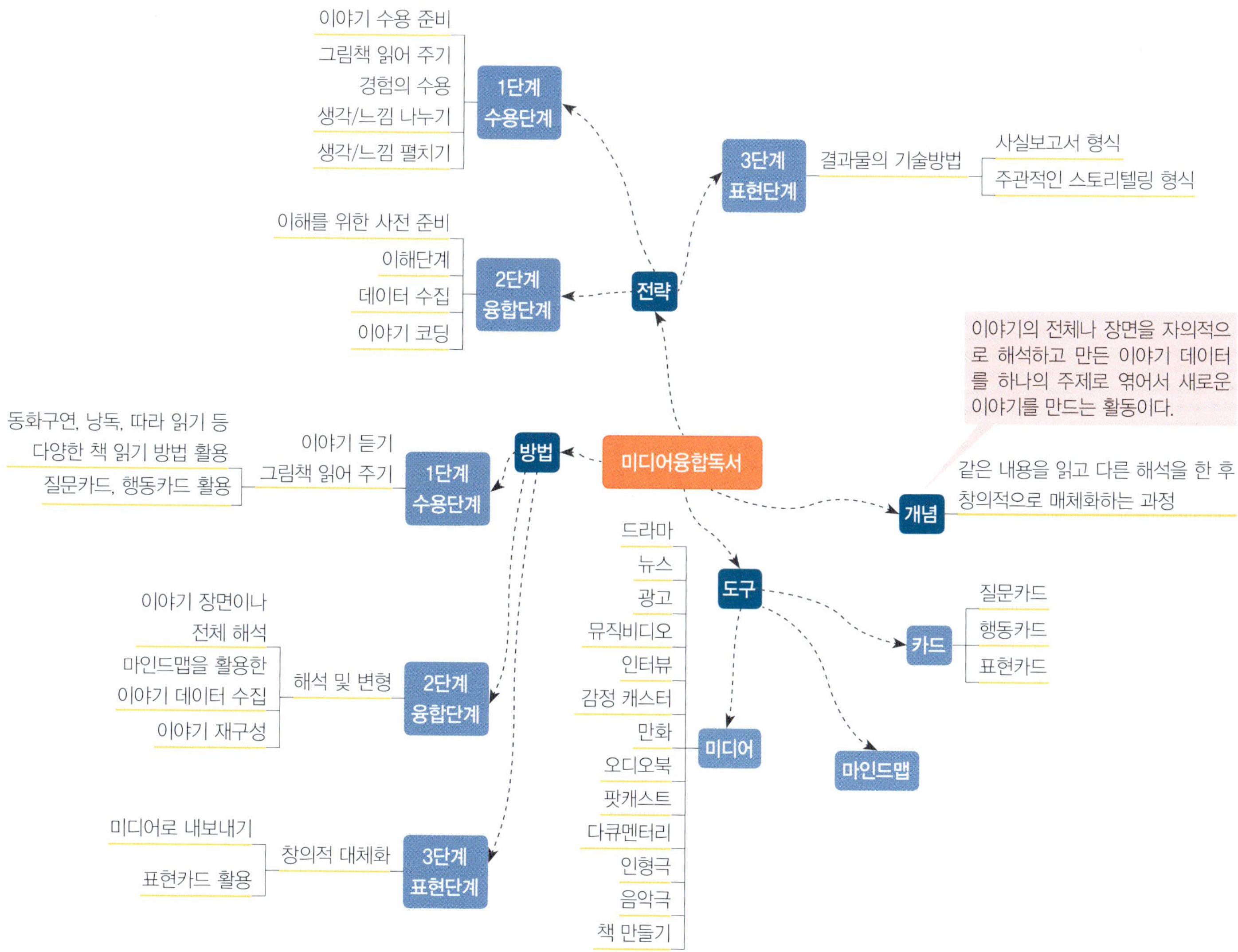
미디어융합독서
개념
같은 내용을 읽고 다른 해석을 한 후 창의적으로 매체화하는 과정
이야기의 전체나 장면을 자의적으로 해석하고 만든 이야기 데이터를 하나의 주제로 엮어서 새로운 이야기를 만드는 활동이다.
전략
1단계 수용단계
이야기 수용 준비
그림책 읽어 주기
경험의 수용
생각/느낌 나누기
생각/느낌 펼치기
2단계 융합단계
이해를 위한 사전 준비
이해단계
데이터 수집
이야기 코딩
3단계 표현단계
결과물의 기술방법
사실보고서 형식
주관적인 스토리텔링 형식
방법
1단계 수용단계
이야기 듣기
그림책 읽어 주기
동화구연, 낭독, 따라 읽기 등
다양한 책 읽기 방법 활용
질문카드, 행동카드 활용
2단계 융합단계
해석 및 변형
이야기 장면이나
전체 해석
마인드맵을 활용한
이야기 데이터 수집
이야기 재구성
3단계 표현단계
창의적 대체화
미디어로 내보내기
표현카드 활용
도구
카드
질문카드
행동카드
표현카드
마인드맵
미디어
드라마
뉴스
광고
뮤직비디오
인터뷰
감정 캐스터
만화
오디오북
팟캐스트
다큐멘터리
인형극
음악극
책 만들기

제 2 장

미디어융합독서의 도구

1 카드

각 단계별 독서 전략에서 가장 중요한 것은 인간의 내면에 집중하여 인간의 욕구를 이해하고 통찰과 구성, 정서와 공감을 통해 창조적 무의식의 세계를 깨우는 것이다. 질문카드를 활용하여 아이들의 생각을 끌어내고 행동카드를 이용해서 다양한 활동을 함으로써 이야기를 몸으로 느끼고 받아들인다. 또한, 표현카드를 활용하여 미디어로 재구성해 나가는 과정에서 아이들은 미디어에 대한 올바른 가치관을 성립할 수 있다.

- 질문카드: 구성, 통찰, 정서, 공감, 욕구에 관련된 질문으로 자기성찰, 타자에 대한 이해, 비판적 사고 및 창의적인 문제해결을 할 수 있다.
- 행동카드: 질문의 내용에 따라 그리기, 쓰기, 몸으로 표현하기, 역할극 등의 내용을 몸으로 받아들이기 위한 카드이다.
- 표현카드: 3단계 표현하기 과정 중 재구성 단계에 필요한 카드로 미디어로 표현할 수 있는 힌트를 주는 카드이다.

수업 시 질문카드와 행동카드, 표현카드를 무작위로 뽑아서 어린이들이 이야기를 충분히 받아들일 수 있게 하며, 다양한 미디어 매체로 표현해 본다.

1) 질문카드

❖ 이해를 돕기 위한 질문

(1) 통찰, 구성을 통한 세계에 대한 이해

① 통찰 관련 질문

통찰이란 어떠한 문제를 새로운 시각에서 조명하고 몰랐던 부분을 알아차리고, 인간에 대한 이해가 넓고 깊어져서 좁은 시야에서 벗어나는 과정을 말한다. 특히, 인간에 대한 이해가 넓고 깊어지는 것은 문제해결에 매우 중요한 요소다. 이처럼 통찰은 인간 이해의 좁은 시야에서 벗어나 세계를 이해할 수 있는 세계관을 형성하는 데 큰 역할을 한다. 어린 시절에 성립된 세계관은 글로벌 시대를 살아가는 아이들이 가져야 할 또 하나의 필수적인 무기다.

아이들의 통찰력 향상을 위한 질문

① 이야기 속의 등장인물들이 문제나 사건을 대처하는 방법에 주목할 수 있는 질문
② 이야기 속의 주인공이나 등장인물, 이야기 내용의 상황 등에서 자신의 경험을 유추할 수 있는 질문
③ 이야기를 통해서 얻은 감동을 자기 통찰로 이끌어 내는 질문

- 주인공은 문제가 해결된 후 어떻게 했을까요?
- 주인공은 문제를 어떻게 해결했나요?
- 이야기 속에서 가장 감동받은 장면은 어디인가요? 왜 그런가요?
- 작가가 왜 이 이야기를 썼을까요?
- 이야기를 듣고 새로운 사실을 알게 됐다면 어떤 것이 있을까요?

- 이야기 속에서 어떤 인물이 나와 비슷한가요? 왜 그렇게 생각하나요?
- 이야기 속의 사건이 현실에서 일어났을때 나라면 어떻게 할까요?
- 등장인물 ( )와 ( )를 어떤 동물(식물)로 표현할 수 있을까요?
- 이 이야기에서 가장 중요한 사건은 무엇인가요? 왜 그렇게 생각하나요?
- 이 사건은 왜 그렇게 진행됐을까요?
- 이야기의 뒷이야기는 어떻게 될까요?
- 이 장면에서 등장인물은 왜 그런 행동을 했을까요?
- 주인공이 해결한 사건을 다르게 해결할 수 있는 방법은 무엇이 있을까요?
- 나는 이 이야기를 읽고 무엇을 알 수 있을까요?

② 구성 관련 질문

이야기 속의 몇 가지 부분이나 요소들을 모아서 새로운 이야기로 재구성하여 만들 수 있도록 하는 질문을 한다. 또한, 이야기의 부분을 통해서 새로운 이야기로 구성할 수 있는지에 대한 질문을 만들 수 있다.

- 배경을 바꾼다면 무엇을 바꿀 수 있을까요?
- 배경이 달라지면 이야기는 어떻게 될까요?
- 새로운 인물을 등장시킨다면 그 역할은 무엇일까요?
- 그 장면에서 사건이 바뀌었다면 어떻게 되었을까요?
- 이야기에서 바꾸고 싶은 장면이 있다면 어디일까요?
- 현재와 연관해서 상상해 본다면 어떨까요?
- 등장인물 한 명을 뺀다면 누구를 빼고 싶은가요? 왜 그런가요?
- 이야기의 한 부분을 지울 수 있다면 어떤 부분을 지우고 싶나요? 그 이유는?
- 이 그림을 보고 무엇이 예상되나요?
- 내가 작가라면 이야기를 어떻게 쓰고 싶나요?
- 제목이나 표지를 보고 떠오르는 것은 무엇인가요?
- 왜 이 제목으로 했을까요? 다른 제목이라면?

(2) 정서 공감을 통한 인간에 대한 이해

① 정서 관련 질문

정서란 사람의 마음에 생기는 여러 가지 감정이나 감정을 불러일으키는 기분 또는 분위기로 공포, 분노, 혐오, 슬픔, 기쁨, 흥미 등 우리가 스스로 느끼는 느낌이다. 이러한 정서 표현은 말 대신에 자신의 의사를 표현하는 또 다른 수단이 되기도 한다.

이야기를 통해 자신의 정서 표현을 잘하기 위한 질문으로는 등장인물의 감정을 자신의 경험과 빗대어 이야기할 수 있도록 유도하는 질문을 만든다.

- 그 장면에서 등장인물의 기분은 어땠을까요? 왜 그렇게 생각하나요?
- 주인공(등장인물)의 기분이 왜 이럴까요?
- 나라면 이 장면에서 어떤 기분이었을까요?
- 이 상황에서 등장인물과 내 기분이 같지 않다면 왜 그럴까요?
- 이런 기분을 느꼈던 적이 있나요?
- 등장인물이 하지 못한 말을 내가 대신해 준다면 어떤 말을 할 수 있을까요? 왜 그렇게 생각하나요?
- 내가 주인공이라면 이 장면에서 어떤 기분이었을까요?

② 공감 관련 질문

공감은 타인의 감정 상태에 들어가는 느낌이다. 즉, 등장인물의 행동, 태도, 성격, 감정 또는 등장인물의 상황, 배경을 자신의 내면으로 받아들여 자신과 동일하게 느끼게 되는 과정이다.

질문은 이야기 속에서 등장인물이 자신의 처지와 비슷한 사람에 대해 공감할 수 있는 질문을 한다. 이야기에 주목하도록 하는 질문, 이야기 속 인물에 대한 호불호의 이유에 대한 질문을 한다.

- 그 장면에서 등장인물의 마음은 어땠을까요? 왜 그렇게 생각하나요?
- 등장인물과 같은 경험을 한 적이 있나요?

- 등장인물에게 해 주고 싶은 말이 있나요?
- 등장인물 중 누가 가장 마음에 드나요? 왜 그런가요?
- 이 장면에서 등장인물이 왜 그런 행동(말)을 했을까요? 그 입장이 되어 변호해 보세요.
- 이 책을 어떤 친구에게 소개하고 싶나요? 왜 그런가요?
- 등장인물 중 마음에 들지 않는 인물이 있나요? 왜 그런가요?

(3) 욕구 파악을 통한 자신과 타자에 대한 이해

① 욕구 관련 질문

욕구는 무엇이 결핍되어 있는 상태에서 무의식적으로 결핍된 상태를 채워 해결하려는 심리다. 우리는 욕구가 채워지지 않을 때 부정적인 정서가 올라와 여러 갈등 상황을 만들기도 한다. 화, 분노, 억울함이 생길 때 내 안의 욕구와 상대방의 욕구가 무엇인지 안다면 부정적인 정서로 인한 갈등은 없을 것이다. 그러나 자신 또는 타자의 욕구를 알아차리는 것은 그리 쉽지 않다. 그러므로 그림책(이야기)을 통한 질문으로 자신이나 타자의 욕구를 파악할 수 있도록 한다. 자신의 욕구를 알아차리고 타인의 욕구를 이해할 때 비소로 의사소통에서 갈등이 생기지 않는다. 이러한 욕구를 알아차릴 수 있는 질문이 중요하다.

- 이 장면에서 등장인물이 원하는 것은 무엇이었을까요?(타자의 욕구 이해)
- 나라면 이 장면에서 어떻게 했을까요?(자기 욕구 알아차림)
- 이 이야기에서 갈등의 원인은 무엇일까요?(욕구의 충돌)
- 주인공은 무엇을 원하고 있나요?(타자의 욕구 이해)
- 주인공의 문제를 해결하는 방법이 마음에 드나요?(자기 욕구 알아차림)
- 내가 작가라면 이 문제를 어떻게 해결하고 싶나요?(자기 욕구 알아차림)
- 이 이야기 내용 중 내가 하고 싶은 일은 무엇인가요?(자기 욕구 알아차림)
- 등장인물 (　　　　)가 주인공에게 자신의 입장을 말한다면 어떤 말을 할까요?(타자의 욕구 이해)

2) 행동카드

행동카드는 수용단계와 융합단계에서 다양한 질문을 연습할 수 있는 카드이다. 몸으로 표현하고 행동하면서 이야기를 받아들이고 느끼는 과정으로 어린이가 흥미를 느끼고 창의적인 발상을 할 수 있도록 도와준다.

몸으로 표현해 보세요.	그림으로 그려 보세요.	노래로 만들어 보세요.
그 역할이 되어 연기해 보세요.	그것에게 편지를 써 보세요.	내가 등장인물(그것)이 되어 편지를 써 보세요.
글로 써 보세요.	말로 표현해 보세요.	표정을 만들어 보세요.
이야기를 시로 표현해 보세요.	등장인물 인물탐구 보고서를 만들어 보세요.	등장인물에게 상장을 만들어 주세요.

폐품을 활용해서 장면을 만들어 보세요.	주변의 물건을 활용해서 만들어 보세요.	신문이나 잡지를 잘라서 만들어 보세요.
이야기의 한 장면을 정지 장면으로 만들어 보세요.	나만의 독서 낱말 사전을 만들어 보세요.	십자퍼즐을 만들어 보세요.
스무고개 퀴즈를 만들어 보세요.	아리랑 곡선으로 만들어 보세요.	필요한 선물을 만들어 주세요.
쇼호스트가 되어 진행하세요.	강연자가 되어 보세요.	4컷 만화를 만들어 보세요.

3) 표현카드

표현카드는 마지막 단계인 표현단계에서 이야기를 다른 매체로 재구성할 수 있도록 하는 카드이다. 다양한 매체로 표현하는 과정에서 매체에 대한 이해와 매체를 바로 볼 수 있는 힘을 길러 준다.

광고	인터뷰	뉴스
감정 캐스터	다큐멘터리	드라마
음악극	만화	책 만들기
팟캐스트	오디오북	뮤직비디오
그림자극	인형극	카드뉴스
게임 만들기	일기예보	인간극장

2 마인드맵

마인드맵은 생각을 정리하는 도구이다. 생각을 정리하고 아이디어를 도출하는 도구는 마인드맵 이외에도 KJ법, 윈도우패닝, 만다라트, 브레인라이팅, 브레인스토밍 등 많지만 미디어융합독서에서는 마인드맵을 활용한다. 마인드맵은 영국의 전직 언론인 토니 부잔(Tony Buzan)이 주장하여 유럽에서 선풍을 일으킨 이론이다. 어떠한 일을 할 때 기록하고 정리하는 습관이 성공을 부른다고 한다. 마인드맵은 기록을 할 때 마음속에 지도를 그리듯이 해야 한다.

미디어융합독서에 있어서도 마인드맵 이론을 접목하여 기록하고 정리하는 것은 새로운 이야기 데이터를 만드는 기본 작업이다. 마인드맵을 통해 도출된 이야기 데이터를 융합하여 이야기를 재구성한다.

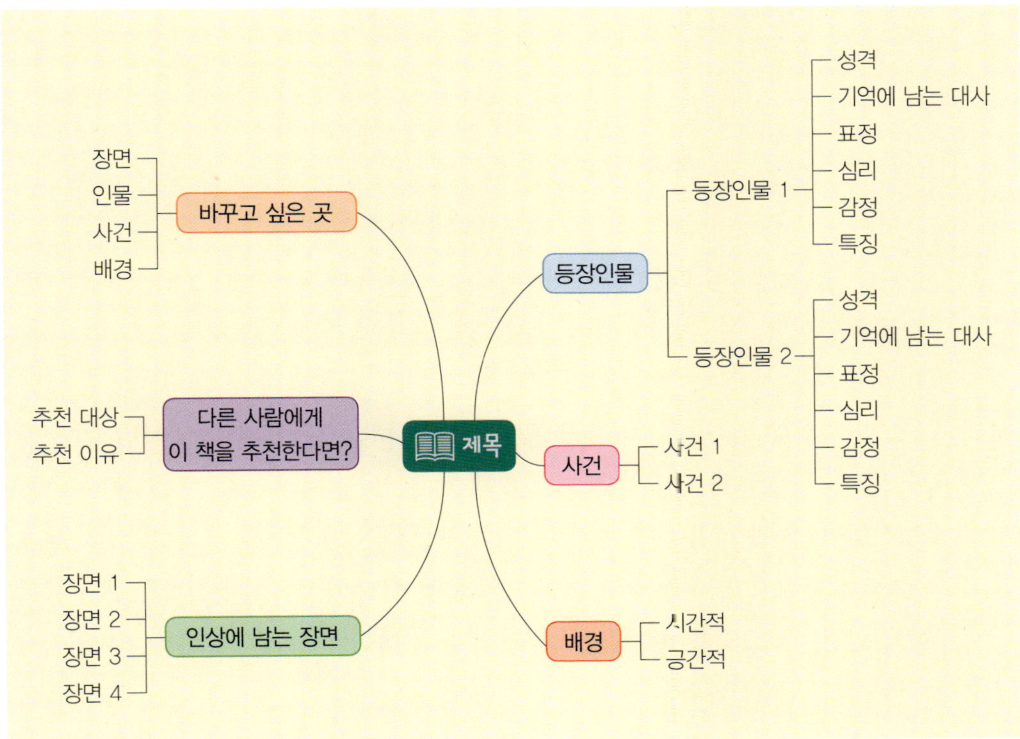

제 3 장

미디어융합독서의 단계와 전략

1 수용단계의 전략(이야기 들려주기)

수용단계의 전략은 이야기 수용 준비 과정, 그림책 읽어 주기 과정, 생각/느낌 더하기, 경험을 이야기하는 경험의 수용, 생각/느낌 나누기 과정으로 진행된다.

이야기 수용 준비 과정에서는 그림책의 표지를 보고 질문을 하거나 주제와 관련된 퀴즈나 다양한 그림 자료, 손놀이 등 아이들이 이야기를 들을 준비를 위한 도입 부분이다. 이 과정에서는 질문카드를 활용해서 질문을 하고 이야기를 예측할 수 있다.

그림책 읽어 주기(이야기 들려주기) 과정에서는 다양한 책 읽기 방법을 통해서 아이들이 책에 대한 관심과 흥미를 갖게 해 준다. 읽기 방법은 동화구연, 역할극으로 읽기, 한 페이지씩 읽기, 따라 읽기, 의성어 · 의태어 등 반복되는 단어만 읽기, 함께 읽기, 그림책의 그림 읽기 등 다양한 읽기 방법을 활용한다. 그중 아이와 함께 읽기, 따라 읽기, 한 페이지씩 읽기 등은 아이가 직접 참여하여 읽기를 함으로써 책에 대한 이해와 흥미를 높일 수 있다.

경험의 수용은 자신의 경험과 빗대어 이야기를 공감할 수 있도록 한다.

생각/느낌 더하기 과정에서는 아이들이 이야기를 이해하고 등장인물의 성격, 사건이나 배경 등을 느낌으로 수용할 수 있는 기회를 준다.

수용단계에서 전개의 내용은 순서를 바꿔서 활동하거나 어느 한 부분만 선택하는 것도 가능하므로 책의 내용에 따라 자유롭게 활동하는 것이 좋다.

생각/느낌 나누기 과정에서는 행동카드를 활용하여 아이들의 생각과 느낌을 나눌 수 있도록 한다.

수용단계에서의 전략은 아이들이 이야기의 내용을 잘 받아들이고 있는지를 질문을 통해서 알아본다. 그리고 감지적 자극을 유도하고 이야기를 깊이 느끼고 표현할 수 있도록 한다.

〈수용단계 프로세스〉

수용단계에서는 충분히 이야기를 받아들일 수 있는지가 중요하다. 이 단계는 그림책을 읽고 자유롭게 상상하고 여유를 가지고 제대로 깊이 느끼게 돕는 과정이다. 이런 분위기가 주어졌을 때 어린이들의 의견 표현은 더욱 활성화되고 어린이들 간에 의미를 공유하게 된다.

수용단계는 다음 단계로 가기 위한 기본 단계로 아이들이 이야기를 생각하기보다는 이야기를 몸으로 느낄 수 있도록 해야 한다. 그러므로 어린이들이 그림책을 충분히 느낄 수 있는 시간을 제공해야 하며, 이야기를 듣고 그림을 보면서 어린이들이 감지적인 자극과 표현을 할 수 있도록 유도하고 이야기의 내용이 어린이들에게 깊이 내면화되도록 한다.

수용단계에서는 구성, 통찰, 정서, 동감, 욕구의 질문카드를 활용하여 질문한다. 이때 행동카드를 활용하여 그리기, 구술하기, 음악으로 느끼기 등 다양한 표현활동을 하고 어린이들이 적극적으로 개입하도록 한다.

1) 질문하기(질문카드 활용)

(1) 사건 이해하기

- 이 이야기는 어떤 사건이 들어 있나요?
- 이 사건은 왜 일어났을까요?
- 이 이야기에서 가장 중요한 사건은 무엇인가요? 왜 그렇게 생각하나요?
- 사건에서의 갈등이 최고조인 부분은 어디라고 생각하나요?
- 그 사건은 왜 그렇게 진행되었을까요?

(2) 등장인물 이해하기

- (　　　)와 (　　　)에 대해서 이야기해 보세요.
- 내가 주인공이라면 이 장면에서 기분이 어떨까요?
- 가장 마음에 드는 등장인물은 누구인가요? 왜 마음에 드나요?

(3) 배경 이해하기

- 그림책 그림, 시간적 배경, 공간적 배경에 대한 질문을 한다.

(4) 주제 이해하기

- 작가가 이 이야기를 쓴 이유는 무엇일까요?

카드 활용의 예

1. 그림책을 들려주고 질문카드를 활용하여 질문을 한다.
2. 질문에 대해 행동카드를 한 장 뽑아 카드 내용에 맞게 활동한다.

내가 주인공이라면 이 장면에서 기분이 어떨까요?	×	몸으로 표현해 보세요.
〈질문카드〉		〈행동카드〉

2 융합단계의 전략(해석 및 변형)

1) 그림책의 해석(장면별 해석 또는 전체 재해석)

2단계인 융합단계는 이야기를 이해하고 변형하는 단계이다. 그림책의 장면이나 전체 이야기를 이해하는 과정으로 수용단계에서 아이들이 느낌으로 받아들인 이야기를 통찰, 구성, 정서, 공감, 욕구와 관련된 질문을 통해 이해하게 된다. 이해한 이야기는 주관적이고 자의적인 해석을 하고 이야기의 전체 또는 부분을 변형한다.

융합단계의 전략은 이야기 데이터를 모으는 과정에서 마인드맵 등을 활용하여 이야기 자료를 수집한다. 자료를 모으는 과정에서도 통찰, 구성, 정서, 공감, 욕구의 질문으로 감지적 자극을 주어 창조적 무의식을 활성화시킬 수 있는 요소를 활용한다.

수집된 이야기 자료는 주관적이고 자의적인 해석을 한다. 그리고 이야기의 전체 또는 부분을 변형하고 다양한 장르의 이야기로 재구성하게 된다. 이러한 융합단계의 과정을 통해서 자신의 욕구를 이해하고, 정서와 공감을 통해 타자에 대한 이해와 사물을 통찰하고 새롭게 구성하는 능력을 키움으로써 세계를 바로 볼 수 있는 세계관이 형성된다. 또한, 다양한 상황을 새로운 각도에서 바라볼 수 있는 비판적 사고력도 향상된다.

수용단계가 이야기를 느끼는 과정이었다면 융합단계는 아이들의 생각을 깊이 있게 하고 체계화하는 단계이다.

쏟아지는 정보의 홍수 속에서 사람들의 생각은 점점 가벼워진다. 생각을 하는 대신 검색 엔진을 통해 지식이나 정보를 찾게 된다. 편파적이고 획일화된 지식과 정보로 사람들의 생각이 비슷해지고 대화의 내용은 지루해진다. 그러므로 생각의 깊이가 없어지고 결국 생각하는 힘조차 잃게 되는 사고력 결핍이 생길 수밖에 없다. 앞으로 더욱더 많은 정보에 노출되고 정보를 이용하는 빈도가 높아지게 되는 것은 피할 수 없는 사실이다. 이것이 어린 시절부터 사물이나 사건, 사람이나 세계 등을 다양한 시각에서 바라보고 통찰할 수 있는 힘을 길러 주어야 하는 이유다. 그러므로 미래 시대를 살아가야 할 아이들에게 정서적 안정과 사물을 꿰뚫어 보는 통찰력을 길러 주는 미디어융합독서와 같은 독서법이 필요하다.

〈융합단계 프로세스〉

단계	활동
이해를 위한 사전단계	경험이나 느낌 표현하기, 구체적 · 인지적 질문하기
이해단계	자의적 · 주관적 해석
이야기 데이터 수집단계	마인드맵 등을 활용한 데이터 수집
이야기 코딩단계	재구성

(1) 이해를 위한 사전단계

- 인상적인 장면 선정하기
- 주요 장면, 줄거리 요약 설명하기
- 인물의 감정 곡선 따라가기

(2) 이해단계

그림책의 글과 그림을 충분히 느끼고 장면의 느낌을 서로 이야기하고 포스트잇을 활용하여 적어 본다. 그리고 아이들이 스스로 질문을 만들 수 있도록 유도한다.

- 그림의 시각적 요소에 대한 느낌 이야기하기
- 각 장면마다 글과 그림을 살펴볼 수 있는 시간 제공하기
- 장면의 이야기를 생각나는 대로 포스트잇에 적기

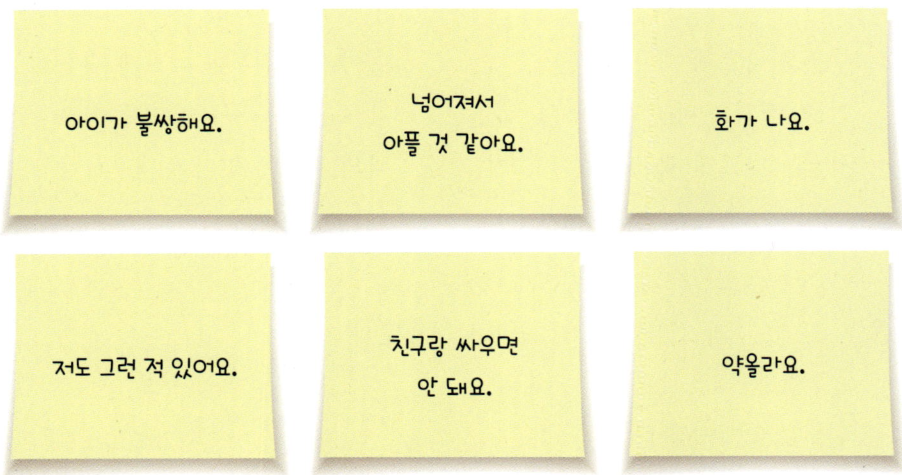

(3) 이야기 데이터 수집단계(마인드맵)

이해와 감상, 자의적 해석을 통하여 이야기 데이터를 모은다.

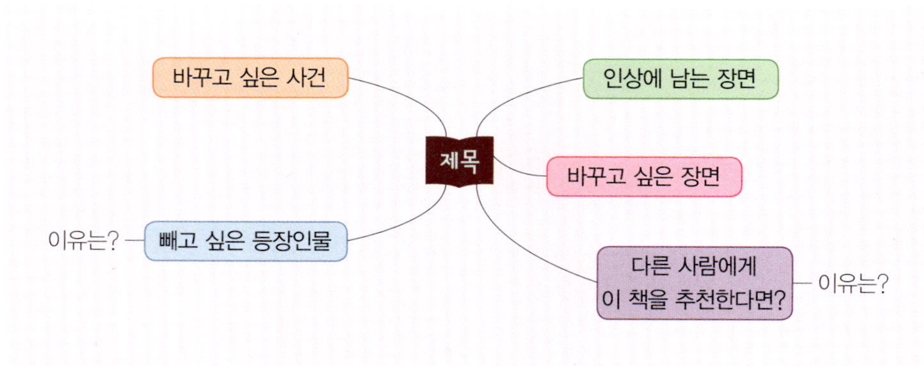

〈마인드맵 예〉

(4) 이야기 코딩단계(재구성)

- 부분을 다르게 재구성
- 인물, 배경을 바꿔서 재구성
- 사건을 다르게 재구성
- 이야기의 전후를 다르게 재구성
- 새로운 갈등 구조를 만들어 재구성
- 나의 경험에 빗대어 재구성

3 표현단계의 전략(미디어로 내보내기)

1) 결과물 기술방법에 대한 전략

- 사실보고서 형식의 결과물
- 주관적 스토리텔링을 통한 결과물
- 표현카드를 활용하여 미디어 매체로 표현한다.

2) 표현단계의 진행과정

① 2단계에서 재구성한 내용을 표현카드 지시에 따른 대본으로 만든다.

② 대본을 만든 후 역할을 정한다.

③ 역할을 나누어 진행한다.

④ 진행하는 내용을 영상으로 촬영하거나 녹음한다.

인터뷰	뉴스	광고
다큐멘터리	드라마	음악극
만화	오디오북	팟캐스트
뮤직비디오	그림자극	인형극
책 만들기	영상 촬영	일기예보

〈표현카드〉

제 4 장

미디어융합독서와 미래 인재 핵심 역량

1 미디어융합독서와 창의성

창의성이란 어느 특정인이 가지고 있는 특성이라기보다 모든 인간이 가지고 있는 보편적 사고능력의 일부이며, 교육을 통해 계발 가능하다. 특히, 유아기의 발달적 특성, 놀이중심의 교육과정, 교육조건 등을 고려해 본다면 유아기는 창의성 교육을 실시하기에 가장 바람직한 시기라고 볼 수 있다.

창의성 발달을 촉진시키는 유아기에 유아가 쉽게 접할 수 있는 동화를 활용한 창의성 교육이 강조되고 있는 것은 당연하다. 그 이유는 유아가 가장 쉽고 재미있게 접근할 수 있고, 동화 속에 포함되어 있는 문제를 충분히 느끼고 수용하는 단계를 통해서 확산적 사고를 증진시킬 수 있기 때문이다.

유아는 동화를 통해 사건을 만나고 주인공에게 감정을 이입한다. 동화의 주인공이 된 유아는 주인공을 따라 동화 속으로 들어가고 문제를 만나면 새로운 문제해결방법을 탐색하는 과정을 경험하게 된다. 또한, 융합단계에서 동화의 구조나 여러 가지 사실과 문제해결을 통한 논리인 추론 과정, 사건의 인과관계, 시간의 흐름 등을 이해하게 된다. 표현단계에서는 같은 상황을 다양하게 표현하는 방법을 배우며, 언어능력의 증진, 창의적 사고의 개발, 문제해결능력의 향상, 추론능력, 조망능력, 이해력, 상상력, 정서적 발달을 증진시킬 수 있게 된다. 이와 같은 미디어융합독서를 통해 유아는 창의성과 창의성의 하위 요인인 독창성, 유창성, 융통성을 증진시킨다. 또한, 이야기 속의 등장인물을 따라가면서 기억에 남는 장면 등을 연상하고 다양한 이야기 데이터를 모으는 과정에서 창의성의 하위 요소인 민감성, 유창성 등을 키울 수 있다.

미디어융합독서활동 시 유아에게 창의성 발달을 위한 동화 들려주기 방법은 매우 다양하다. 낱장으로 그림을 그려서 들려주는 그림동화, 융판을 활용해서 들려주는 융판동화, 완구를 이용해서 들려주는 완구동화, 미디어를 활용해서 들려주는 멀티동화, 구연으로 들려주는 동화구연, 그림책 읽기 등이 유아교육현장에서 이루어지고 있다. 이러한 다양한 듣기 방법 중, 특히 동화를 구연으로 들려주는 방법은 유아의 상상력과 창의력을 향상시킨다. 소리를 들으면서 사고를 확산시킬 수 있고 풍부한 경험을 하게 하며, 주변의 세계를 이해할 수 있는 능력을 기를 수 있기 때문이다.

즉, 유아는 좋은 동화를 통해 상상력과 창의력을 기를 수 있고, 사고력을 확산시킬 수 있고, 풍부한 경험을 하며, 주변 세계를 이해할 수 있는 능력을 기를 수 있다. 유아의 창의성은 증진될 수 있으며, 유아의 사고를 자극할 수 있는 미디어융합독서활동은 유아의 창의성 발달에 영향을 미친다.

2 미디어융합독서와 언어 및 사고의 발달

미디어융합독서는 어린이의 언어 및 사고의 발달에 도움을 준다. 어린이가 쉽고 자주 접할 수 있는 것이 동화이며, 동화 듣기를 통해 다양한 언어 표현을 듣게 되고 이는 유아의 언어 발달을 촉진시킨다.

미디어융합독서활동에서 동화 듣기의 다양한 방법 중 동화를 구연으로 들려주기는 언어 발달 및 창의적 사고력을 증진시키는 가장 좋은 방법으로 보고되고 있다. 동화구연을 활용한 듣기 방법은 소리를 통하여 이야기의 전개를 이해하기 때문에 유아가 상상할 수 있는 힘을 길러 준다. 유아는 부모가 들려주는 동화에 집중하고 정확한 발음을 듣게 되므로 언어 발달을 도와주고 다양한 언어 표현 방법을 알게 된다.

또한, 어린이는 같은 동화를 반복해서 들으면서 자신의 상상을 통하여 그 나름대로 새로운 창조 작업을 한다. 동화 반복 듣기 활동은 어린이의 상상력과 언어발달을 위해 필요한 영역이다.

동화구연이 어린이의 언어 발달을 촉진시키는 것은, 발음하는 법을 직접 눈으로 보게 한다는 의미가 될 뿐만 아니라, 이야기 중에 나오는 수많은 어휘를 경험하게 한다. 그리고 다양한 표현 방법, 문장 구성 등을 알 수 있게 한다. 이야기를 통하여 이루어지는 언어교육은 강제성이 없어 흥미 속에서 자연스럽게 이루어지는 큰 장점이 있다. 어린이는 동화 듣기를 통하여 정확하게 발음하고, 비슷한 말의 소리를 변별하는 능력 등을 향상시킨다. 문자로 된 문장이 아니라 살아 움직이는 문장을 직접 듣게 되면서, 재미있고 즐겁게 문장을 표현하기도 한다. 또한, 어린이는 이야기 중의 대화를 통해서 의사소통능력을 쉽게 습득하게 된다. 더 구체적으로 말하면 대화하는 방법을 직접 배우게 된다.

이러한 동화구연은 동화 속에 담긴 재미있는 이야기를 여러 가지 목소리로 표현하여 다른 사람에게 들려주는 것이다. 간단히 말해서 '동화를 말로 들려주는 것'을 뜻하며, 그림책을 재미있게 읽어 주는 것만으로도 충분히 동화구연이 될 수 있다. 동화구연은 생활 속에서 아이에게 줄 수 있는 가장 따뜻한 선물이다.

3 미디어융합독서와 감성

이솝우화, 세계 명작을 학교 도서관에서 빌려 와서 책 읽는 재미에 푹 빠져 살았던 초등학교 시절에도 할머니는 저녁마다 나에게 옛이야기를 들려주셨다. 할머니가 들려주시던 이야기는 나에게 따뜻한 마음을 갖게 해 주었다. 그리고 이야기 속에 푹 빠져서 주인공의 감정에 따라 함께 슬퍼하고 즐거워했던 기억이 난다.

이렇듯 이야기는 듣는 사람의 마음을 움직이고 등장인물의 감정을 이해할 수 있도록 해 준다. 우리는 여기서 감정을 어떻게 표현하는지, 왜 절제해야 하는지를 배울 수 있다. 감성의 발달은 환경과 상호작용을 통해서 이루어진다. 특히, 감성 발달의 토대는 유아기에 이루어지기 때문에 유아기의 감성 발달을 위한 상호작용은 매우 중요하다.

질문카드와 행동카드, 표현카드를 활용하여 등장인물의 감정을 읽고 공감하는 과정에서 다양한 상호작용을 통해 아이들의 감성은 발달한다. 감성의 사전적 의미는 "외부의 자극에 느낌이 일어나는 능력, 또는 감각적 자극이나 인상을 받아들이는 마음의 성질"로 정의된다. 그러므로 유아는 이야기에 나오는 인물의 다양한 자극을 통해서 풍부한 감성을 배운다. 이야기 속 등장인물들의 느낌에 대해 생각해 보고 등장인물의 감정이나 정서를 공감해 봄으로써 유아는 감지적 자극을 받는다. 또 등장인물의 감정이나 정서가 어떤 부분에서 자신과 동일시되는지를 이야기 나누면서 내면의 감정을 살필 수 있다. 이러한 과정에서 유아는 카타르시스를 형성하고 더욱더 풍부한 감성을 갖게 된다. 즉, 이야기 속의 인물을 통해서 타자와 자신의 감정을 이해하고 정서를 표현해 보는 미디어융합독서는 유아의 감성을 자극하고 키워주는 활동이다.

4 미디어융합독서와 비판적 사고력

미래 인재 핵심 역량 중 하나인 비판적 사고력이란 무엇일까? 문제에 대한 답을 찾을 때 '왜 그럴까?', '다른 방법은 없을까?'와 같은 질문을 던지며 깊고 넓게, 다양한 측면에서 생각할 수 있는 능력을 비판적 사고력이라고 한다.

이전에는 답이 정해진 문제를 잘 풀어야 하는 교육을 받았다면 이젠 답이 없는 문제를 잘 풀 수 있도록 하는 교육이 필요한 시대다. 답이 정해지지 않고 스스로 문제의 답을 찾아가야 하는 과정에서는 비판적 사고력이 절대적으로 필요하다.

이러한 비판적 사고력은 훈련을 통해 그 능력을 키울 수 있다. 그렇다면 비판적 사고력은 어떤 훈련으로 키울 수 있을까? 그 답은 다양한 독서활동에서 찾을 수 있다.

우리는 오랫동안 정답이 있는 문제를 얼마나 빨리, 많이 맞히는가에 초점을 두고 교육을 받아 왔다. 이러한 교육은 '왜?'라는 질문을 하기보다는 빨리 정답을 찾는 데 정례화된 훈련이다. 그러나 비판적 사고력 향상을 위한 훈련은 아이들이 어떠한 문제에 직면했을 때 스스로 '왜?'라는 질문을 할 수 있도록 하는 것이다. 미디어융합독서는 이야기의 사건이나 등장인물의 문제 상황을 다양한 시각으로 바라보고 '왜?'라는 질문을 끊임없이 던지게 한다. 그리고 자신의 경험이나 상상 등을 통해서 문제해결방법을 찾아간다. 이러한 과정에서 아이들의 비판적 사고력이 향상된다.

5 미디어융합독서와 문제해결력

미디어융합독서는 이야기가 전개되는 동안 유아가 동화 속에 나오는 문제 상황을 해결하기 위하여 확산 사고를 하게 된다. 자신이 습득한 지식을 다른 상황에 빗대어 보기도 하고, 자신의 아이디어를 다른 방법과 함께 써서 새로운 아이디어를 만들어 내기도 한다. 이처럼 이야기는 현실에서 일어날 수 없는 일을 가능하게 만들어 주고, 그러한 일이 언젠가 현실에서도 일어날 것이라는 믿음을 주어 유아의 무한한 상상력을 자극하고, 새롭고 독특하고 다양한 생각을 이끌어 내며, 문제 해결 경험을 통하여 창의성을 길러 주는 효과가 있다.

미디어융합독서는 이야기 속의 주인공과 동일시해서 비교하고 토의해 가며 문제 상황에 대해 알고 새로운 해결방법을 탐색하는 과정에서 유아의 상상력과 창의성을 길러 주고 아이들이 마주하는 문제를 해결할 수 있는 능력을 길러 준다.

6 미디어융합독서와 의사소통

타인과의 소통에서 중요한 것은 경청이다. 타인의 이야기를 잘 듣는 것은 의사소통의 가장 기본적인 능력이다. 그런데 요즘 아이들은 나의 이야기는 잘하는데 타인의 이야기는 잘 듣지 않는 경향이 많다. 이것은 아이들의 문제만은 아니다. 성인도 마찬가지다. 이는 어릴 때부터 말 잘하는 아이로 자라기를 바랐던 부모님의 영향도 있을 것이다. 그러나 더 큰 문제는 보는 것에 너무 익숙해서 듣는 집중력이 떨어진다는 것이다. 어린 시절부터 타인의 이야기에 귀 기울이고 의사소통을 잘할 수 있는 아이로 키우기 위해 이야기 들려주기는 가장 좋은 방법이다.

의사소통에서 빠질 수 없는 것이 공감능력이다. 이야기는 다른 사람의 감정을 이해하는 마음을 갖게 해 준다. 아이들은 이야기 속의 등장인물과 소통하면서 말하는 법을 배우고 등장인물의 감정을 이해하면서 타인의 감정을 이해하고 공감하는 능력을 키운다. 이렇듯 아이들에게 이야기를 들려주거나 책을 읽어 주는 아이들과의 활동은 타인, 그리고 세상과 소통하는 방법을 가르쳐 준다.

미디어융합독서의 다양한 활동은 경청과 공감능력을 향상시킴으로써 타인과의 의사소통을 원활히 할 수 있는 능력을 키워 준다.

제 5 장 미디어융합독서의 실행

1 활용 그림책 예시

통찰, 구성, 정서, 공감, 욕구를 잘 드러낸 그림책 데이터를 수집한다.

〈그림책 예시 목록〉

분류	그림책	이야기수용 (행동카드)	질문카드	미디어융합 (표현카드)
구성	도서관	노래 만들기	○	음악극
	달 샤베트	그림 그리기	○	뉴스
	고양이 목에 방울 달기	몸으로 표현하기	○	인터뷰 기사
통찰	일곱 마리 눈먼 생쥐	역할극하기	○	다큐멘터리
	장수탕 선녀님	노래 만들기	○	광고
	빈 화분	그림 그리기	○	드라마
공감	돼지책	역할극하기	○	인터뷰
	치킨 마스크	노래 만들기	○	광고
	지각대장 존	편지 쓰기	○	뉴스

분류	그림책	이야기수용 (행동카드)	질문카드	미디어융합 (표현카드)
정서	늑대가 들려주는 아기돼지 삼형제 이야기	역할극하기	○	인터뷰
	새가 되고 싶어	편지 쓰기	○	역할극
	쏘피가 화나면 정말 정말 화나면	감정 표현하기	○	감정 캐스터
욕구	터널	몸으로 표현하기	○	뮤직비디오
	친구랑 싸웠어	편지 쓰기	○	광고
	나랑 같이 놀자	그림 그리기	○	만화

2 미디어융합독서의 실제

아이들에게 책을 읽어 주면 마치 주인공이 자기 자신처럼 느껴져서 감정이 책 속으로 풍덩 빠져든다. '아, 나도 그런 적이 있어.', '맞아, 내 마음도 똑같아!', '너도 그렇구나!' 하고 고개를 끄덕이며 주인공과 동일시하여 기쁨, 부러움, 죄책감, 분노, 두려움, 슬픔 등 다양한 감정이 일어난다.

이러한 정서적 반응을 인터뷰 형식으로 아이와 활동한다면 아이의 마음을 끌어내어 아이가 감정을 표현하는 데 도움을 준다. 그래서 인터뷰의 질문이 중요하다. '네가 이런 감정을 느끼는 이유는 무엇일까?', '왜 갈등과 문제가 생겼을까?', '문제해결방법은 무엇일까?' 등 아이의 마음에서 일어나는 감정을 가만히 들여다보며 자연스럽게 아이의 마음을 털어놓을 수 있도록 가상의 방송국을 만들어서 활동한다. 책 속의 주인공 이야기를 아이가 대신 말해 준다는 느낌을 받도록 분위기를 만들어 주는 것이 필요하다.

아이들은 책 속에서 감정이 생기는 문제를 인식하고 문제를 해결하는 방법을 자신의 문제로 동일시하면서 자신을 통찰할 수 있는 힘이 생기게 된다. 꼭 주인공이 아니어도 괜찮다. 아이가 이야기 속의 어느 등장인물에게 관심이 있는지 물어 보고 왜 그 인물에게 관심을 보이는지도 물어보면 아이는 자기의 경험에 빗대어 이야기를 하게 된다. 이때 그냥 물어보는 게 아니라 아이가 관심을 보이는 등장인물에게 인터뷰를 하자고 하면 아이는 훨씬 재미있게 이야기한다. 때때로 좋은 책은 좋은 약보다 낫다.

1) 늑대가 들려주는 아기돼지 삼형제 이야기

존 셰스카 글·레인 스미스 그림 | 황의방 역 | 보림 | 1996. 11. 1.

늑대의 시점에서 아기돼지를 바라보는 이야기다. 우리가 잘 알고 있는 '아기돼지 삼형제'는 늑대의 시점이 아니라 돼지의 시점이라고 글에서 밝히면서 이야기가 시작된다. 주인공 늑대의 1인칭 주인공 시점으로 이야기가 진행되고 있어 늑대의 심리를 잘 파악하면서 읽어 주면 좋다.

어느 날, 늑대는 할머니 생신 선물로 케이크를 만들다가 그만 설탕이 다 떨어져 할 수 없이 이웃 돼지네 집에 설탕을 빌리러 간다. 설탕을 빌리러 간 늑대는 지푸라기로 지은 첫 번째 아기돼지의 집 앞에서 심한 감기로 재채기가 터져 나온다. 두 번째 아기돼지 집에서도 재채기가 나와서 집이 무너졌다. 먹을 것이 눈앞에 있는데 먹지 않는 것도 도리는 아니라고 늑대는 말한다. 이번에는 그 옆집, 세 번째 아기돼지한테 갔다. 벽돌집에 사는 이 돼지는 문을 열지도 않고 다짜고짜 욕설을 퍼붓더니, 나중엔 할머니 욕을 해서 늑대가 화가 났다. 화가 난 늑대가 문을 부수려고 했는데, 경찰과 신문기자들이 달려오고 신문기자들은 감기 걸린 늑대가 설탕을 얻으러 왔다는 이야기로는 독자의 흥미를 끌지 못할 터라, 늑대가 입김을 세게 불어 집을 부숴 버렸다는 이야기를 꾸며 낸다. 늑대를 고약한 늑대로 만들어버린 것이다. 이것이 진짜 이야기다. 늑대는 누명을 썼다고 주장한다.

출처: 인터파크 도서 재인용.

(1) 1단계 수용단계: 이야기 받아들이기

① 이야기 수용 준비

- 표지 그림을 보면서 이야기한다.(이야기 예측하기)
  - 어떤 이야기일까요?
- 면지, 뒤표지 모두 살펴보고 이야기를 나눈다.
  - 좋아하는 장면이 있나요? 왜 그 장면이 좋아요?
  - 인상 깊은 장면은 어디인가요? 왜 그런가요?

② 그림책 읽어 주기

『늑대가 들려주는 아기돼지 삼형제』는 늑대의 입장에서 들려주는 이야기다. 그러므로 늑대의 감정에 따라 읽어 주면 좋다. 내레이션을 늑대가 하고 있으므로 늑대 목소리로 표현한다.

③ 생각/느낌 더하기(감지적 자극)

- 주인공이나 등장인물 마음 되어 보기
- 자신의 생각이나 느낌 발표하기
- 작가의 의도 알아보기
  - 내가 늑대의 입장이라면 어떨까요?(행동카드: 말하기)
  - 내가 아기돼지의 입장이라면 어떨까요?(행동카드: 말하기)
  - 아기돼지에게서 어떤 느낌이 드나요?(행동카드: 몸으로 표현하기)
  - 늑대에게서는 어떤 느낌이 드나요?(행동카드: 표정 짓기)
  - 아기돼지의 마음을 느낌으로 표현해 보세요.

질문카드 × 행동카드

④ 경험의 수용

- 그림책의 장면과 관련된 자신의 경험 떠올리기
- 이야기 요약하기
  - 늑대처럼 오해가 생겨서 친구들과 사이가 안 좋았던 적이 있나요?(행동카드: 그림 그리기)
  - 엄마나 아빠가 오해해서 혼난 적이 있나요? 있다면 그때의 기분은?(행동카드: 무작위로 뽑아서 연출하기)

질문카드 × 행동카드

⑤ 생각/느낌 나누기

- 표지를 보고 상상한 이야기가 내용과 어떻게 다른지 이야기해 본다.
- 그림을 보고 어떤 느낌이 드는지 이야기해 본다.
  - 늑대에게 어떤 말을 해 주고 싶나요?(행동카드: 편지 쓰기)
  - 내가 만약 늑대라면 어떻게 했을까요?(행동카드: 노래 만들기)
  - 감옥에 갇힌 늑대는 어떤 마음일까요?(행동카드: 노래 만들기)
  - 사건을 바꾼다면 어떻게 바꾸고 싶은가요?(행동카드: 그림 그리기)

질문카드 × 행동카드

(2) 2단계 융합단계: 해석 및 변형

① 이해와 감상-이해를 위한 사전단계

- 주요 장면, 줄거리 요약 설명하기
- 인상적인 장면 선정하기(질문카드 활용)
  - 이 이야기에서 가장 인상에 남는 장면은 어떤 것인가요?
- 장면 선정 후 장면을 보고 생각나는 대로 이야기하기(브레인스토밍)

- 인물의 감정 곡선 따라가기
  – 늑대의 이야기를 따라가면서 그림을 보며 늑대의 감정 변화를 이야기한다.

② 자의적 해석-이해단계

- 그림의 시각적 요소에 대한 느낌을 이야기해 본다.
- 각 장면마다 글과 그림을 살펴본다.
- 장면의 이야기를 생각나는 대로 포스트잇에 적는다.

설탕을 빌리러 갔어요.	신문기자가 거짓말 했어요.	늑대가 누명을 썼어요.
재채기가 나왔어요.	아기돼지는 머리가 나빠요.	경찰이 돼지예요.
늑대는 동물을 먹어요.	교도관이 돼지예요.	감기에 걸렸어요.
늑대가 억울해요.	아기돼지가 나빠요.	할머니 생일 케이크

- 바꾸고 싶은 장면이 있다면 어디일까요?

③ 이야기 데이터 수집(마인드맵)-이야기 데이터 수집단계

- 이야기 주제 찾기: 마인드맵 활용
- 각 장면의 그림에서 특이한 점 찾기
- 장면의 배경에 대해 이야기하기

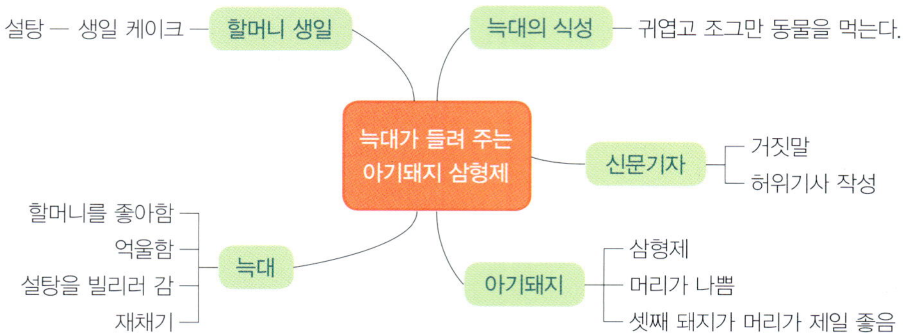

〈마인드맵〉

④ 재구성-코딩단계

- 억울하게 감옥에 간 늑대의 마음을 글로 표현해 본다.
- 늑대가 되어 자신의 억울함을 편지로 쓴다.

(3) 3단계 표현단계: 미디어로 내보내기

① 결과물 기술방법에 대한 전략

- 주관적 스토리텔링을 통한 미디어 결과물
  - 억울한 늑대 인터뷰하기

② 표현단계의 진행과정

① 표현카드의 내용에 따라 대본을 만든다.

② 대본을 만든 후 역할을 정한다.

③ 역할을 나누어 진행한다.

④ 진행하는 내용을 영상으로 촬영하거나 녹음한다.

예 〈표현카드〉 인터뷰

인터뷰

① 늑대 인터뷰하기 놀이를 위한 대본을 만든다.

② 대본에 나오는 역할을 나누어서 연습한다.

③ 실제 인터뷰를 한다.

④ 인터뷰하는 장면을 영상으로 촬영한다.

➡ 늑대 인터뷰하기

- 늑대 역할과 기자 역할을 할 어린이를 뽑는다.
- 기자가 직접 사건 현장에 나가서 취재하는 형식을 띤다.
- 질문지와 대답은 아이들이 스스로 할 수 있도록 유도한다.

〈대본 실습〉

기자: ㅇㅇ방송국 기자 ____________입니다. 늑대가 잡혀 있는 감옥에 나와 있는데요. 늑대가 엄청 억울해하고 있는 것 같습니다. 늑대의 이야기를 들어보겠습니다.

늑대: ....

2) 지각대장 존

존 버닝햄 글·그림 | 박상희 역 | 비룡소 | 1995. 11. 1.

날마다 학교 가는 길에 예상치 못한 일로 지각을 하는 존은 그때마다 선생님께 지각한 이유를 말하지만, 선생님은 믿지 않고 "이 동네에서는 그런 일이 일어날 수 없다."라고 말하면서 심한 벌을 준다. 교육에서는 벌이 아닌 이해와 관심이 더 소중함을 깨닫게 하는 그림책이다.

출처: 인터넷 교보문고.

(1) 1단계 수용단계: 이야기 받아들이기

① 이야기 수용 준비

- 표지를 보고 이야기 나누기
- 면지에 쓰인 내용 확인하기
  - 인상 깊은 장면은 어디인가요? 왜 그런가요?

② 그림책 읽어 주기

- 아이들과 교차로 읽는다.
  - 선생님의 목소리를 표현해서 읽어 본다.

③ 생각/느낌 더하기(감지적 자극)

- 주인공이나 등장인물 마음 되어 보기
- 자신의 생각이나 느낌 발표하기
- 작가의 의도 알아보기
  - 존이 학교 가는 길에 일어났던 사건들은 왜 일어났을까요?
  - 선생님은 존이 왜 늦었다고 생각했을까요?
  - 존이 학교에 늦은 이유는 무엇일까요?
  - 존에게서 어떤 느낌이 드나요?
  - 존이 학교 가는 길에 사자를 만나는 장면에서는 어떤 느낌이 드나요?

질문카드 × 행동카드

④ 경험의 수용

- 이야기를 듣고 장면에 대해 이야기 나눈다.
- 이야기의 등장인물, 사건, 배경에 대해 이야기 나누고 주인공과 같은 경험을 한 적이 있는지 질문한다.
  - 존처럼 유치원(학교)에 늦은 적이 있나요? 있다면 왜 늦었나요?

질문카드 × 행동카드

⑤ 생각/느낌 나누기

- 느낌을 글 또는 그림으로 표현하기
- 이야기를 자유롭게 해석하고 만들어 보기
- 등장인물, 사건, 배경을 다르게 만들어 보기
- 만든 이야기 발표하기
  - 오늘 유치원(학교) 오는 길에 무엇을 보거나 만났나요?
  - 만났거나 봤던 것들에 대해서 이야기해 본다.
  - 나눈 이야기를 종합하여 하나의 이야기로 만든다.
- 만약 내가 선생님의 입장이라면 존에게 해 주고 싶은 이야기는 무엇인가요? (행동카드: 편지 쓰기– 선생님이 존에게)
- 존이 학교 가는 길에 만났던 사건을 다르게 만들어 본다면 어떤 이야기가 될까요?(행동카드: 그림으로 그리기)

질문카드 × 행동카드

(2) 2단계 융합단계: 해석 및 변형

① 이해와 감상-이해를 위한 사전단계

- 주요 장면, 줄거리 요약 설명하기
- 인상적인 장면 선정하기
  - 이 이야기에서 가장 인상에 남는 장면은 어떤 것인가요?
  - 장면 선정 후 장면을 보고 생각나는 대로 이야기하기(브레인스토밍)
- 인물의 감정 곡선 따라가기
  - 존의 이야기를 따라가면서 그림을 보고 존의 감정 변화를 이야기한다.
  - 선생님의 감정은 어땠을까요?

② 자의적 해석-이해단계

- 그림의 시각적 요소에 대한 느낌을 이야기해 본다.
- 각 장면마다 글과 그림을 살펴본다.
- 장면의 이야기를 생각나는 대로 포스트잇에 적는다.

학교 가는 길

사자가 나타났어요.

홍수가 났어요.

존이 쓴 반성문

선생님이 매달렸어요.

교실 안 장면

- 바꾸고 싶은 장면이 있다면 어디일까요?

③ 이야기 데이터 수집(마인드맵)-이야기 데이터 수집단계

- 이야기 주제 찾기: 포스트잇 활용
- 각 장면의 그림에서 특이한 점 찾기
- 장면의 배경에 대해 이야기하기

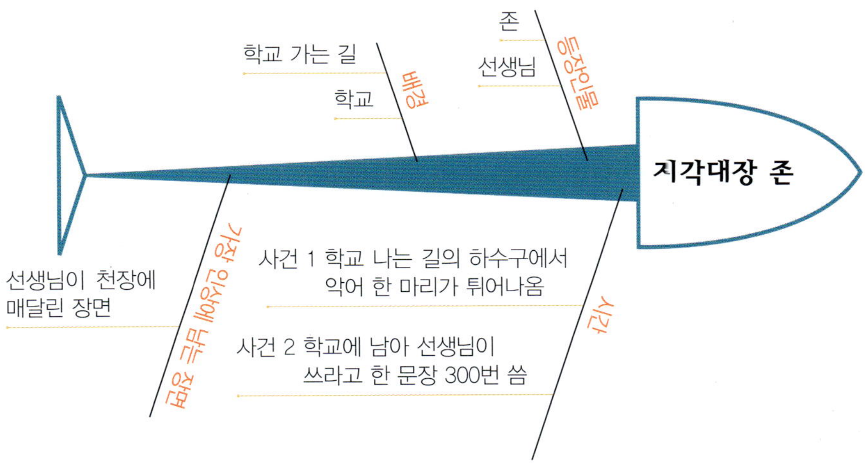

〈마인드맵〉

④ 재구성-코딩단계

- 부분을 다르게 재구성
- 인물, 배경을 바꿔서 재구성
- 사건을 다르게 재구성
- 이야기의 전후를 다르게 재구성
- 새로운 갈등 구조를 만들어 재구성
- 나의 경험에 빗대어 재구성

(3) 3단계 표현단계: 미디어로 내보내기

① 결과물 기술방법에 대한 전략

- 사실보고서 형식의 미디어 결과물
- 자의적 해석을 통한 스토리텔링

② 표현단계의 진행과정

① 표현카드의 내용에 따라 대본을 만든다.

② 대본을 만든 후 역할을 정한다.

③ 역할을 나누어 진행한다.

④ 진행하는 내용을 영상으로 촬영하거나 녹음한다.

예 〈표현카드〉 뉴스

뉴스

① 놀이를 위한 대본을 만든다.

② 대본에 나오는 역할을 나누어서 연습한다.

③ 실제 뉴스를 한다.

④ 뉴스 하는 모습을 영상으로 촬영한다.

〈뉴스 대본 만들기〉

아나운서: 안녕하십니까? 아나운서 ________입니다. 오늘 아침 ○○ 마을에 사자가 나타났습니다. 마침 학교에 가던 존이 사자를 발견했는데요. 존은 겨우 사자를 피해 나무 위로 올라가서 위기를 벗어났지만 학교에 지각을 했습니다. 지각한 이유를 들은 선생님은 존에게 거짓말하지 않겠다는 반성문을 쓰게 했습니다. 학교 현장에 나가 있는 ________ 기자 불러보겠습니다.

기자: 네, 현장에 나와 있는 ________ 기자입니다. 반성문을 쓰고 있는 존을 만나 보겠습니다. 안녕하세요? 아침에 학교 오는 길에 사자를 만났는데 그때 상황을 이야기해 줄 수 있나요?

존: ....

....

....

....

기자: 말씀 감사합니다. 그런데 왜 반성문을 쓰고 있나요?

존: ....

....

....

....

기자: 지금 마음은 어떤가요?

존: 정말 억울합니다. ....

....

....

....

기자: 존은 억울함을 주장하고 있습니다. 지금까지 현장에서 ________ 기자였습니다.

아나운서: 네, ________ 기자 잘 들었습니다. 이상으로 ○○방송국 뉴스를 마치겠습니다. 아나운서 ________이었습니다.

3) 피터의 의자

에즈러 잭 키츠 글·그림 | 이진영 역 | 시공주니어 | 1996. 6. 7.

『피터의 의자』는 물건에 대한 집착과 동생을 향한 질투와 사랑 등 어린아이의 기질을 깊이 있고 유쾌하게 보여 주는 작품이다. 아이가 새로운 사실이나 자기의 능력을 깨달았을 때 느끼는 흥분이 일상의 모든 것들을 단순화해서 따 붙인 콜라주 기법의 그림과 어우러져, 가슴 따뜻하고 유쾌하게 그린 그림책이다.

출처: 인터넷 교보문고.

(1) 1단계 수용단계: 이야기 받아들이기

① 이야기 수용 전 준비

- 표지 읽기
  - 아이가 보고 있는 것은 무엇일까요?
  - 왜 보고 있을까요?
  - 아이의 뒷모습에서 어떤 느낌이 나나요?
  - 왜 제목이 "피터의 의자"일까요?

② 그림책 읽어 주기

- 피터의 감정선을 따라가면서 읽는다.
- 다양한 읽기 방법을 이용하여 읽는다.

③ 생각/느낌 더하기(감지적 자극)

- 주인공이나 등장인물 마음 되어 보기
- 자신의 생각이나 느낌 발표하기
- 작가의 의도 알아보기
  - 피터가 집을 나가기 위해 짐을 쌌는데 피터에게 해 주고 싶은 말이 있나요?

– 피터는 왜 창문 아래에 짐을 풀었을까요?

– 엄마는 정말 피터가 커튼 뒤에 있다고 생각했을까요?

– 피터는 왜 신발을 커튼 아래에 두었을까요?

질문카드 × 행동카드

④ 경험의 수용

- 동생이 태어나서 슬펐던 기억이 있나요?
- 내 동생에 대해 이야기해 보세요.

질문카드 × 행동카드

⑤ 생각/느낌 나누기

- 느낌을 글 또는 그림으로 표현하기
- 이야기를 자유롭게 해석하고 만들어 보기
- 등장인물, 사건, 배경을 다르게 만들어 보기
- 만든 이야기 발표하기
  - 내가 사용한 물건 중에 가장 아끼는 것은 무엇인가요?
  - 피터의 의자 이야기에 다른 제목을 붙여 준다면?
  - 그림책 내용 중에서 표지 그림을 선택한다면 어떤 장면을 표지로 하고 싶나요? 그 이유는 무엇인가요?

질문카드 × 행동카드

(2) 2단계 융합단계: 해석 및 변형

① 이해와 감상-이해를 위한 사전단계

- 주요 장면, 줄거리 요약 설명하기
- 인상적인 장면 선정하기
  - 이 이야기에서 가장 인상에 남는 장면은 어떤 것인가요?
  - 장면 선정 후 장면을 보고 생각나는 대로 이야기하기(브레인스토밍)
- 인물의 감정 곡선 따라가기
  - 피터의 이야기를 따라가면서 그림을 보고 존의 감정 변화를 이야기한다.
    - ➜ 피터가 블록으로 빌딩 쌓기 놀이할 때의 기분
    - ➜ 빌딩이 무너지고 엄마에게 꾸지람을 들었을 때의 기분
    - ➜ 피터가 자기 요람이 분홍색으로 바뀐 것을 발견했을 때의 기분
    - ➜ 아직 칠하지 않은 아기 의자를 발견했을 때의 기분
    - ➜ 피터가 윌리와 도망갈 때의 기분
    - ➜ 아기 의자가 너무 작아서 앉을 수 없었을 때의 기분
    - ➜ 엄마가 점심 먹자고 말할 때의 기분
    - ➜ 엄마가 피터를 찾기 위해 커튼을 젖혔을 때의 기분
    - ➜ 피터가 어른 의자에 앉았을 때의 기분
    - ➜ 아빠와 아기 의자를 분홍색으로 칠할 때의 기분

〈피터의 감정〉

② 자의적 해석-이해단계

- 그림의 시각적 요소에 대한 느낌을 이야기해 본다.
- 각 장면마다 글과 그림을 살펴본다.
- 장면의 이야기를 생각나는 대로 포스트잇에 적는다.

- 바꾸고 싶은 장면이 있다면 어디일까요?

③ 이야기 데이터 수집(마인드맵)-이야기 데이터 수집단계

- 이야기 주제 찾기: 마인드맵
- 각 장면의 그림에서 특이한 점 찾기
- 장면의 배경에 대해 이야기하기

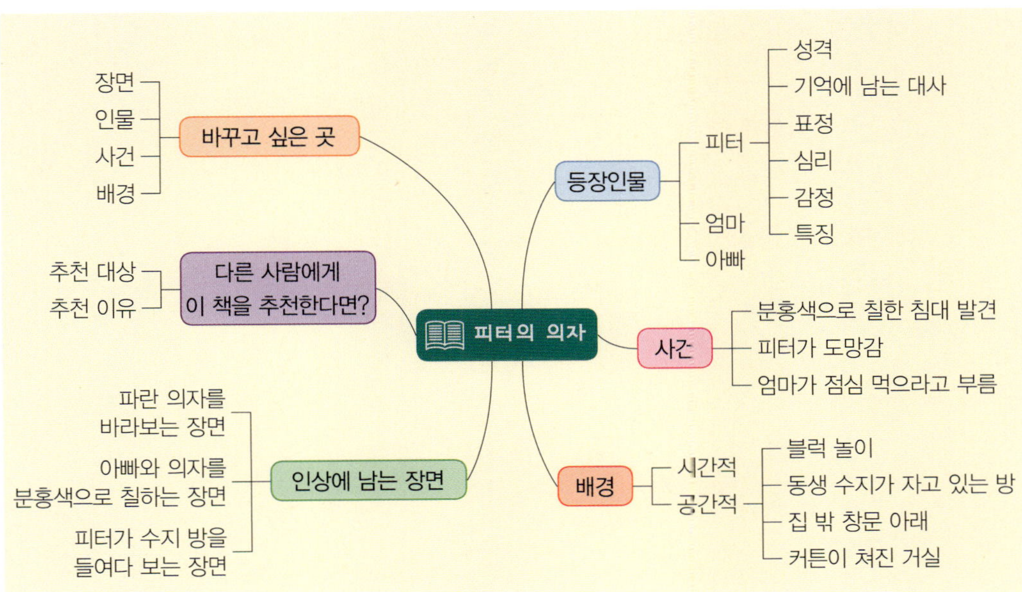

〈마인드맵〉

④ 재구성-코딩단계

- 부분을 다르게 재구성
- 인물, 배경을 바꿔서 재구성
- 사건을 다르게 재구성
- 이야기의 전후를 다르게 재구성
- 새로운 갈등 구조를 만들어 재구성
- 나의 경험에 빗대어 재구성

(3) 3단계 표현단계: 미디어로 내보내기

① 결과물 기술방법에 대한 전략

- 사실보고서 형식의 결과물
- 주관적 스토리텔링을 통한 결과물

② 표현단계의 진행과정

① 표현카드의 내용에 따라 대본을 만든다.
② 대본을 만든 후 역할을 정한다.
③ 역할을 나누어 진행한다.
④ 진행하는 내용을 영상으로 촬영하거나 녹음한다.

예 〈표현카드〉 오디오북

오디오북

① 피터의 감정선을 따라 구연한다.
② 동화구연 기법을 활용하여 오디오북을 만들고 인터넷에 올려 본다.

4) 치킨 마스크

우쓰기 미호 지음 | 장지현 역 | 책읽는곰 | 2008. 3. 3.

사람들은 저마다 재능이 담긴 그릇을 가졌지만 치킨 마스크는 자기의 그릇은 텅 비었다고 생각한다. '나는 왜 나로 태어났을까?' 하며 자책도 한다. 같은 반 친구 올빼미 마스크처럼 공부를 잘하는 것도, 햄스터 마스크처럼 만들기를 잘하는 것도 아니고, 장수풍뎅이 마스크처럼 씨름을 잘하는 것도, 개구리 마스크처럼 노래를 잘하는 것도 아니기 때문이다.

주눅이 든 치킨 마스크는 운동장 구석에 있는 나무 동산에 비밀 장소를 만든다. 그리고 아주 작고 예쁜 꽃들이 시들어 가는 것을 발견하고 물을 준다. 친구들이 자기가 없어진 줄도 모를 거라 생각하고 급기야 '내가 내가 아니면 좋겠어.'라고 생각한다. 그때 운동장 구석에서 다른 마스크들을 발견한다. 치킨 마스크는 뭐든지 잘하는 아이로 변신할 절호의 기회로 생각하고 마스크를 써 본다. 올빼미 마스크를 쓰던 어려운 수학 문제도 술술 풀리고 장수풍뎅이 마스크를 쓰면 무거운 통나무도 번쩍 들어 올릴 수 있었다. 정말 신기하게 다른 마스크를 쓸 때마다 없던 재능이 나타났다. 그러나 치킨 마스크는 더 혼란스러웠다. 과연 공부를 잘하는 아이가 되고 싶은 건지, 운동을 잘하는 아이가 되고 싶은 건지, 노래를 잘하는 아이가 되고 싶은 건지 머리가 복잡해졌다. 그때 조그마한 목소리가 들려온다. "치킨 마스크야, 다른 마스크가 되지 마. 너는 너 그대로가 좋아. 넌 따뜻한 마음을 가졌잖아." 그 목소리는 바로 작고 예쁜 꽃들의 소리였다.

친구들이 치킨 마스크를 찾으러 오고 치킨 마스크는 그대로 치킨 마스크였다. 파랗게 갠 하늘이 멋진 날 치킨 마스크는 자신의 그릇이 꽉 찬 느낌을 받는다.

출처: 인터넷 교보문고.

(1) 1단계 수용단계: 이야기 받아들이기

① 이야기 수용 준비

- 표지 그림을 보면서 이야기한다.(이야기 예측하기)
  - 어떤 이야기일까요?(행동카드: 말하기)
  - 왜 제목이 "치킨 마스크"일까요?
- 면지, 뒤표지 모두 살펴보고 이야기 나눈다.

② 그림책 읽어 주기

『치킨 마스크』는 치킨 마스크가 화자가 되어 이야기를 이끌고 가는 1인칭 주인공 시점이다. 그러므로 책을 읽어 줄 때 주인공 치킨 마스크의 감정을 잘 표현하면서 읽어 주면 아이들의 마음에 더 다가가는 이야기가 된다. 자존감이 낮은 아이는 주인공을 따라가면서 '맞아, 나도 그래', '너도 그렇구나.' 공감하면서 치킨 마스크처럼 내가 아닌 다른 아이가 되고 싶었던 적이 있었는지 생각해 보게 된다.

치킨 마스크 나이 설정 & 목소리 표현법

치킨 마스크의 나이는 이야기를 듣는 아이의 나이로 설정하면 된다. 이야기를 듣는 아이보다 이야기의 주인공 나이가 어리거나 많으면 아이들은 이야기에 흥미를 느끼지 못하므로 주인공과 아이를 비슷한 연령으로 설정한다. 목소리는 자존감이 약한 아이의 음색으로 표현해 주면 좋다.

③ 생각/느낌 더하기(감지적 자극)

- 주인공이나 등장인물 마음 되어 보기
- 자신의 생각이나 느낌 발표하기
- 작가의 의도 알아보기
  - 좋아하는 장면이 있나요? 왜 그 장면이 좋아요?(행동카드: 그림 그리기)
  - 기억에 남는 장면이 있나요? 왜 그런가요?(행동카드: 몸으로 표현하기)
  - 내가 치킨 마스크 입장이라면?(행동카드: 말하기)
  - 치킨 마스크에게서 어떤 느낌이 드나요?(행동카드: 몸으로 표현하기)
  - 비밀 장소의 작은 꽃에게서는 어떤 느낌이 드나요?(행동카드: 표정 짓기)
  - 치킨 마스크의 마음을 느낌으로 표현해 보세요.

질문카드 × 행동카드

④ 경험의 수용

- 치킨 마스크처럼 무엇이든 잘 못한다고 생각한 적이 있었나요?(행동카드: 구술하기)
- 나는 친구들이 부러웠던 적이 있나요? 그때가 언제인가요?(행동카드: 그림 그리기)

질문카드 × 행동카드

⑤ 생각/느낌 나누기

- 주인공이나 등장인물 마음 되어 보기
- 자신의 생각이나 느낌 발표하기
- 작가의 의도 알아보기
- 표지를 보고 상상한 이야기가 내용과 어떻게 다른지 이야기해 본다.
- 그림을 보고 어떤 느낌이 드는지 이야기해 본다.
  - 치킨 마스크에게 어떤 말을 해 주고 싶나요?(행동카드: 편지 쓰기)
  - 내가 만약 치킨 마스크라면, 어떻게 했을까요?(행동카드: 노래 만들기)
  - 친구들이 운동장으로 찾아왔을 때 치킨 마스크는 어떤 마음일까요?(행동카드: 노래 만들기)
- 사건을 바꾼다면 어떻게 바꾸고 싶은가요?(행동카드: 그림 그리기)

질문카드 × 행동카드

(2) 2단계 융합단계: 해석 및 변형

① 이해와 감상-이해를 위한 사전단계

- 주요 장면, 줄거리 요약 설명하기
- 인상적인 장면 선정하기(질문카드 활용)
  - 이 이야기에서 가장 인상에 남는 장면은 어떤 것인가요?
- 장면 선정 후 장면을 보고 생각나는 대로 이야기하기(브레인스토밍)

② 자의적 해석-이해단계

- 그림의 시각적 요소에 대한 느낌을 이야기해 본다.
- 각 장면마다 글과 그림을 살펴본다.
- 장면의 이야기를 생각나는 대로 포스트잇에 적는다.

- 바꾸고 싶은 장면이 있다면 어디일까요?

③ 이야기 데이터 수집(마인드맵)-이야기 데이터 수집단계

- 이야기 주제 찾기: 마인드맵 활용
- 각 장면의 그림에서 특이한 점 찾기
- 장면의 배경에 대해 이야기하기

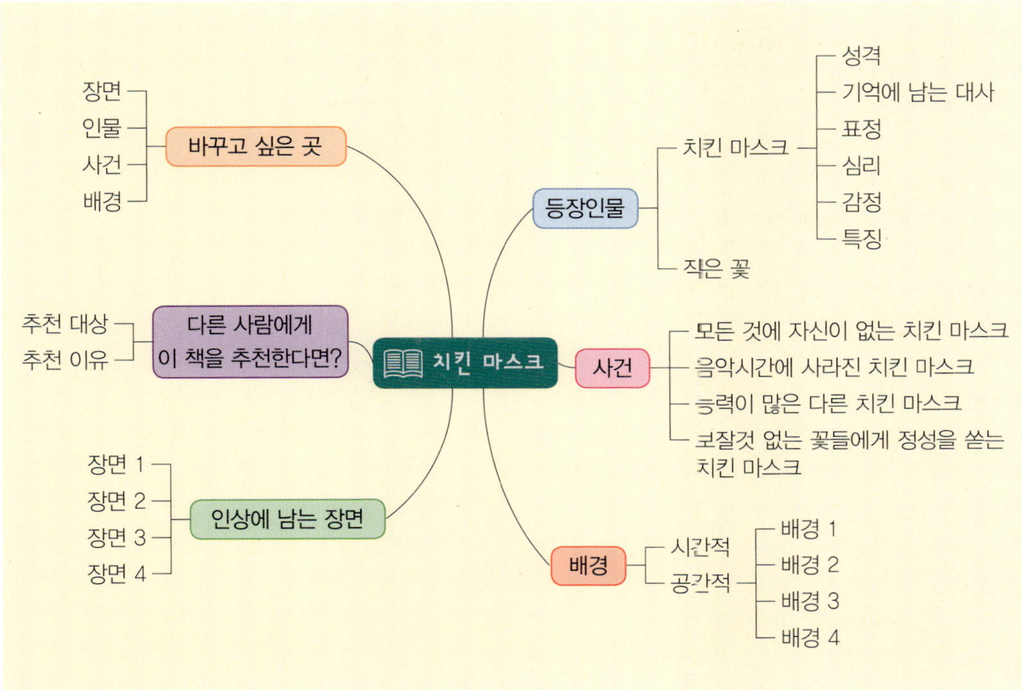

〈마인드맵〉

④ 재구성-코딩단계

- 치킨 마스크에 대한 이야기 마인드맵을 통해 이야기 데이터를 수집한 후 하나의 내용으로 재구성한다.
- 이야기 속 내용과 주인공의 마음, 심리 등을 분석하고 해석해서 광고 매체로 변형해 본다.

(3) 3단계 표현단계: 미디어로 내보내기

① 결과물 기술방법에 대한 전략

- 주관적 스토리텔링을 통한 결과물 광고

② 표현단계의 진행과정

① 표현카드의 내용에 따라 대본을 만든다.

② 대본을 만든 후 역할을 정한다.

③ 역할을 나누어 진행한다.

④ 진행하는 내용을 영상으로 촬영하거나 녹음한다.

예 〈표현카드〉 광고

광고

광고는 단순히 물건을 파는 것만이 아니라 그 물건에 대한 이미지나 가치를 함께 판단할 수 있게 한다. 광고를 통해 사회 문화의 흐름과 양상을 읽어 내고, 세상과 소통하는 전략을 배울 수도 있다. 디지털 시대에는 광고를 이해하는 데서 그치는 것이 아니라 활용할 줄 아는 사람이 되어야 한다.

책을 읽어 주고 내용을 파악한 후 이 책을 누구에게 소개하고 싶은지 먼저 대상 독자층을 선택한다. 독자가 정해지면 이 책을 왜 그 독자가 읽어야 하는지 책의 가치를 찾아서 전달할 문구를 이야기한다. 이때 아이가 글을 쓰지 못하면 녹음을 하거나 진행자가 대신 글로 표현해 준다.

광고 기획서를 만들고 광고 전단지를 그림으로 그려서 만들어 본다. 그리고 라디오 광고로 제작해 본다. 라디오 광고는 20초 정도로 하고 음악도 넣고 카피를 만들어 직접 녹음하면 즐거운 광고 만들기 놀이가 된다.

진행자: 『치킨 마스크』는 누가 읽으면 좋을까요?

아이들:

진행자: 왜 그렇게 생각해요?

아이들:

진행자: 그런데 그 친구가 이 책을 안 읽는다고 하면 어떻게 할래요?

아이들:

진행자: 그럼, 그 친구가 이 책을 읽어야만 하는 이유를 한번 말해 볼까요?

아이들:

진행자: 출판사 사장이라고 생각하고 이 책의 장점을 말해 보세요.

아이들:

진행자: 주인공 '치킨 마스크'에게 응원의 메시지를 한 줄로 말해 주세요.

아이들:

〈홍보 전단지 만들기〉

- 책의 핵심 내용, 이미지 컷을 그리거나 콜라주로 홍보 전단지를 만든다.
- 책의 슬로건을 한 줄로 요약하기

치킨 마스크

5) 달 샤베트

백희나 글·그림 | 책읽는곰 | 2014. 6. 10.

열대야가 기승을 부리는 한여름 밤, 한 아파트에서 달이 녹아 내리기 시작한다. 반장 할머니는 달 방울을 받아 샤베트를 만든다. 갑자기 아파트가 정전이 되자 아파트 주민들이 다 밖으로 나와 있는데 할머니 집에서 노란빛이 새어 나온다. 사람들은 노란빛을 찾아 할머니 집으로 들어가고 할머니는 시원한 샤베트를 사람들과 나눠 먹는다. 샤베트를 먹은 사람들은 신기하게도 더위가 싹 사라진다. 그래서 선풍기나 에어컨 대신 문을 열어 놓고 모두 편안한 잠을 이루는데 할머니 방을 두드리는 소리가 들린다. 누굴까? 바로 달이 녹아내려 집을 잃어버린 토끼 두 마리다. 할머니가 화분에 달물을 붙자 달맞이꽃이 피고 점점 커져서 노랗고 둥근 보름달이 된다. 토끼는 새집으로 들어가고 할머니도 시원하고 달콤한 잠을 청한다.

출처: 인터넷 교보문고 재인용.

(1) 1단계 수용단계: 이야기 받아들이기

① 이야기 수용 전 준비

- 표지 읽기
  - 샤베트가 무엇일까요?
  - 샤베트는 어떻게 만드나요?
  - 달로 샤베트를 만들 수 있을까요?
  - 달 샤베트는 무슨 맛일까요?
  - 달 샤베트는 어떻게 만들까요?

② 그림책 읽어 주기

이 책은 면지에서부터 이야기가 시작된다. 검은 바탕에 하얀 점이 똑똑 떨어지면서 이야기의 궁금증을 일으킨다.

달 샤베트는 백희나 작가가 인형을 만들고 사진을 찍어서 만들었다. 인형과 배경을 만들어서 사진을 찍는 방식으로 그림책을 만들어서 마치 인형극을 보는 듯한 느낌마저 든다. 아이들과 책을 읽을 때도 인형들의 움직임, 표정을 함께 읽어 주면 좋다. 그리고 '똑, 똑, 똑', '씽씽', '쌩쌩', '윙윙' 등의 의성어와 의태어는 리듬감을 살려서 읽어 주면 아이들이 더 흥미를 느낄 수 있다.

③ 생각/느낌 더하기(감지적 자극)

- 주인공이나 등장인물 마음 되어 보기
- 자신의 생각이나 느낌 발표하기
- 작가의 의도 알아보기

질문카드 × 행동카드

④ 경험의 수용

- 이야기의 구성 요소(등장인물, 사건, 배경 등) 찾기
- 그림책의 장면과 관련된 자신의 경험 떠올리기

질문카드 × 행동카드

⑤ 생각/느낌 나누기

- 느낌을 글 또는 그림으로 표현하기
- 이야기를 자유롭게 해석하고 만들어 보기
- 등장인물, 사건, 배경을 다르게 만들어 보기
- 만든 이야기 발표하기

질문카드 × 행동카드

(2) 2단계 융합단계: 해석 및 변형

① 이해와 감상-이해를 위한 사전단계

- 주요 장면, 줄거리 요약 설명하기
- 인상적인 장면 선정하기
  - 이 이야기에서 가장 인상에 남는 장면은 어떤 것인가요?
  - 장면 선정 후 장면을 보고 생각나는 대로 이야기하기(브레인스토밍)

② 자의적 해석-이해단계

- 그림의 시각적 요소에 대한 느낌을 이야기해 본다.
- 각 장면마다 글과 그림을 살펴본다.
- 장면의 이야기를 생각나는 대로 포스트잇에 적는다.

- 바꾸고 싶은 장면이 있다면 어디일까요?

③ 이야기 데이터 수집(마인드맵)-이야기 데이터 수집단계

- 이야기 주제 찾기: 마인드맵
- 각 장면의 그림에서 특이한 점 찾기
- 장면의 배경에 대해 이야기하기

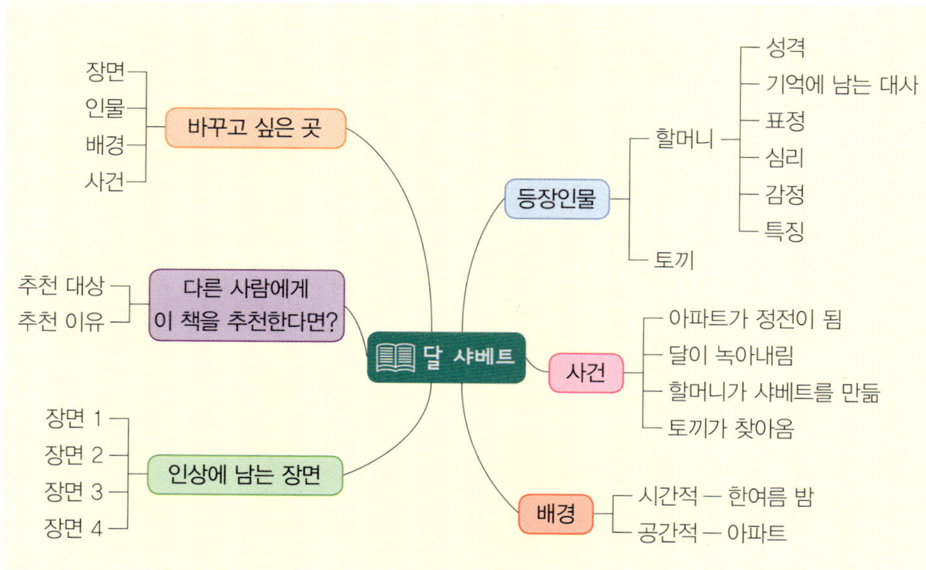

〈마인드맵〉

④ 재구성-코딩단계

- 사건을 다르게 재구성

〈질문카드 활용과 이야기 재구성 예〉

진행자: 『달 샤베트』에서 어느 부분이 제일 재미있었나요?

아이: 할머니가 샤베트 만드는 거요.

진행자: 왜 그 부분이 제일 재미있었어요?

아이: 달로 샤베트를 어떻게 만들어요? 그런데 맛있을 것 같아요.

진행자: 아, 달물로 샤베트 만드는 게 신기했군요. 그런데 달이 왜 녹아내렸을까요?

아이: 음, 잘 모르겠어요. 아! 너무 더워서요. 더우니까 아이스크림도 금방 녹아요.

진행자: 그래요. 요즘도 너무 덥지요? 요즘처럼 더우면 달도 녹아내릴 수 있겠어요.

아이: 정말요? 그러면 안 되는데...

진행자: 맞아요. 그러면 안 되지요! 그럼, 날씨가 왜 이렇게 더워졌을까요?

아이: 음, 환경이 오염됐어요.

진행자: 그래요? 환경오염이 문제군요.

아이: 네. 환경이 파괴돼서 날씨가 더워졌어요.

진행자: 음, 그러면 우리 ○○은 환경을 지키기 위해 어떤 것을 할 수 있을까요?

아이: 전기를 아껴 써요. 그리고 종이컵으로 물 안 마실 거예요.

진행자: 그래요. 좋은 생각이에요. 이 생각을 친구들에게도 알려 줄까요?

아이: 어떻게요?

진행자: 음, 우리가 뉴스를 만들어 보는 거예요.

아이: 와~ 뉴스 좋아요. 어떻게 해요?

진행자: 지금까지 이야기한 내용을 기사로 만들면 돼요. 뉴스 본 적이 있지요?

아이: 네.

진행자: 뉴스에는 누가 나오나요?

아이: 앵커, 기자, 그리고 사람들이요.

진행자: 맞아요. 먼저 기사를 쓰고 뉴스 하는 사람처럼 역할을 정해서 녹음을 해 봅시다.

환경이 오염되면서 여름은 점점 더 뜨거워지고 있다. 작가는 책에서 달이 녹아내리는 것으로 환경오염의 심각성을 표현했다.

아이에게 왜 달이 녹아내렸는지 질문해 보자. 아이들은 저마다의 대답을 한다. '환경오염'의 정답을 기대하지만 아이들이 다른 엉뚱한 이야기를 해도 괜찮다.

에어컨이 쌩쌩, 선풍기가 씽씽, 냉장고는 윙윙, 한여름 밤 아파트에서 모두 창문을 꼭 닫고 있다. 갑자기 정전이 되고, 사람들이 모두 밖으로 나오는 장면에서 혹시 정전에 대한 경험이 있으면 그때 기분이 어땠는지도 질문해도 좋다. 만약, 경험이 없을 때는 전기가 없으면 어떨지에 대한 이야기를 해 보자.

그리고 "달 샤베트의 맛은 어떨까?", "할머니 집을 찾아온 옥토끼가 왜 절구를 메고 있을까?" 등 아이들의 상상력을 자극할 수 있는 질문을 하면 아이들의 기발한 대답에 미소 지을 수 있을 것이다. 아이들이 말하는 내용을 포스트잇에 적고 분류하여 그룹을 지으면서 아이들은 또 하나의 놀이로 이어지는 즐거움을 발견할 것이다.

(3) 3단계 표현단계: 미디어로 내보내기

① 결과물 기술방법에 대한 전략

- 사실보고서 형식의 결과물

② 표현단계의 진행과정

① 표현카드의 내용에 따라 대본을 만든다.

② 대본을 만든 후 역할을 정한다.

③ 역할을 나누어 진행한다.

④ 진행하는 내용을 영상으로 촬영하거나 녹음한다.

예 〈표현카드〉 뉴스

뉴스

뉴스의 사회적 기능에는 새로운 정보를 독자나 시청자에게 알려 주는 정보전달의 기능, 어떤 일에 대해 긍정적이거나 비판적인 시각을 가지게 하는 사회현상 비판의 기능, 새로운 여론을 만드는 여론 형성의 기능이 있다.

예를 들어, "요즘 폭염으로 인해 채소 생산량이 줄어들어 채소 값이 천정부지로 치솟자 불법 유통업자들이 수입 채소를 국산으로 둔갑시켜 판매를 하고 있습니다."라는 뉴스에서 '폭염으로 인해 채소 생산량이 줄어들어 가격이 비싸다.'는 정보 전달의 기능, '불법유통업자가 수입 채소를 국산으로 둔갑시켜서 판다.'에서 '불법유통업자들은 정말 나빠. 저러면 안 돼.'는 사회 비판의 기능, 그리고 '불법유통업자들이 발을 붙일 수 없도록 우리가 힘을 합해서 정부기관에 탄원서를 넣어요.'라고 할 수 있도록 한다면 여론 형성의 기능이 된다.

뉴스 기사의 구성은 진행자의 소개, 기자의 보도, 기자의 마무리로 구성된다.

아이들과 뉴스의 기능에 대해 이해한 후 그림책을 읽고 아이들과 그림책 한 부분의 사건을 가상의 뉴스로 만들어 보는 놀이를 한다면 창의적인 사고와 뉴스를 보는 올바른 시각을 키워 줄 수 있다.

〈활동 순서〉

① 뉴스 대본을 만든다.

② 역할을 정한다.

③ 연습한다.

④ 녹음한다.

※ 아이와 엄마가 함께 뉴스 기사를 만들어 본다. 아이의 의견을 충분히 듣고 엄마가 쓰고 역할을 정해서 녹음한다. 아이는 그림으로 뉴스 장면을 그릴 수 있도록 도와주면 좋다.

앵커: 상록 아파트에 달이 녹아내린다고 합니다. 왜 이런 일이 일어났는지 상록 아파트에 나가 있는 ________ 기자 불러보겠습니다. ________ 기자 나와 주세요.

기자: 상록 아파트에 나와 있는 ________ 기자입니다. 달이 녹아내리는 현장인데요. 시민과 인터뷰를 해 보겠습니다. 안녕하세요. 달이 녹아서 깜짝 놀라셨지요?

시민: 갑자기 달이 녹아서 정말 놀랐어요. 왜 이런 일이 일어났는지 걱정입니다. 지구의 환경이 오염돼서인 것 같습니다. 빨리 문제를 해결해야 합니다.

기자: 네, 시민 한 분과 인터뷰를 해 봤는데요. 환경오염이 심각한 문제라고 합니다. 이상 상록 아파트 현장에서 ________ 기자였습니다.

앵커: ________ 기자 수고하셨습니다. 달이 녹아내리는 것은 환경오염의 심각성을 알려 주는 것인데요. 환경학자 모시고 지구 환경에 대해서 이야기 나누겠습니다. 안녕하십니까? 요즘 지구 환경에 대해서 어떻게 생각하십니까?

환경학자: (아이들과 이야기를 나누고 작성해 보세요.)

....

....

앵커: 네, 오늘 좋은 말씀 감사합니다. 이것으로 뉴스를 마치겠습니다.
아나운서 ________였습니다. 감사합니다.

6) 고양이 목에 방울 달기

정하섭 글·유승하 그림 | 길벗어린이 | 2008. 2. 15.

어느 시골집 곳간에 아흔아홉 마리 쥐들이 북적거리며 평화롭게 살고 있었다. 그러던 어느 날 그곳에 무시무시한 떠돌이 사냥꾼 고양이가 나타나 눈 깜짝할 사이에 쥐 한 마리를 잡아먹었다. 쥐들은 고양이가 떠날 때까지 안전한 굴속에서 버티기로 한다. 하지만 시간이 지나 배가 고파진 쥐들은 굴 밖으로 나와 먹이를 먹기 위해 고양이에게 쥐 한 마리씩 바치기로 협상을 한다.

먹잇감을 구하지 않아도 되는 고양이는 더욱 게을러지고 제 몸 꾸미는 데 신경을 쓰고 어린 쥐들은 고양이 앞에서 재롱을 피우며 춤을 추기도 한다. 그러다 기발한 아이디어를 생각해 내는데 그것은 바로 '고양이 목에 방울 달기'다. 책에서는 멋 부리기 좋아하는 고양이에게 멋진 방울을 디자인해서 선물로 준다. 영리한 쥐들의 멋진 승부! 『고양이 목에 방울 달기』다.

(1) 1단계 수용단계: 이야기 받아들이기

① 이야기 수용 전 준비

- 표지 그림을 보면서 이야기한다.(이야기 예측하기)
  - 어떤 이야기일까요?
  - 면지, 뒤표지 모두 살펴보고 이야기를 나눈다.
  - 좋아하는 장면이 있나요? 왜 그 장면이 좋아요?
  - 인상 깊은 장면은 어디인가요? 왜 그런가요?
  - 표지를 보고 상상한 이야기가 내용과 어떻게 다른지 이야기해 본다.
  - 그림을 보고 어떤 느낌이 드는지 이야기해 본다.

② 그림책 읽어 주기

'고양이 목에 방울 달기'는 옛이야기, 속담을 통해서 많이 알고 있는 이야기지만 옛이야기나 속담에서는 고양이 목에 어떻게 방울을 달아야 하는지 의논하면서 끝이 난다. 그러나 그림책 『고양이 목에 방울 달기』는 고양이 목에 방울을 달면 좋겠다는 생각에서 그치는 것이 아니라, 한 걸음 더 나아가 지혜와 용기로 그 방법을 찾아낸다.

이 책을 읽기 전에 옛이야기를 먼저 들려줘도 좋다. 아이들과 옛이야기를 읽은 후 방울을 달기 위한 토의를 해서 아이들의 생각을 들어 본다. 그리고 그림책을 읽게 되면 아이들은 자신의 생각과 그림책 속 아이디어를 비교해 볼 수도 있다.

③ 생각/느낌 더하기(감지적 자극)

- 주인공이나 등장인물 마음 되어 보기
- 자신의 생각이나 느낌 발표하기
- 작가의 의도 알아보기
  - 그림책 『고양이 목에 방울 달기』에 나오는 고양이의 성격은 어떤가요?
  - 생쥐들은 어떤 생활을 하고 있나요?
  - 등장인물들에게 질문을 한다면 누구에게 어떤 질문을 하고 싶나요? 등장인물 한 명당 한 가지씩 질문을 만들어 볼까요?
  - 내가 쥐라면 회의에서 고양이에게서 도망갈 방법을 내놓았을까요?
  - 쥐들이 고양이에게 쥐 한 마리씩 바치기로 결정했을 때 모두가 동의했을까요?
  - 동의하지 않았다면 그 결정을 할 때 왜 아무 말을 하지 않았을까요?

질문카드 × 행동카드

④ 경험의 수용

- 이야기의 구성 요소(등장인물, 사건, 배경 등) 찾기
- 그림책의 장면과 관련된 자신의 경험 떠올리기

– 다른 사람에게서 선물을 받은 경험이 있나요?

– 언제, 어떤 선물이었나요?

질문카드 × 행동카드

⑤ 생각/느낌 나누기

- 느낌을 글 또는 그림으로 표현하기
- 이야기를 자유롭게 해석하고 만들어 보기
- 등장인물, 사건, 배경을 다르게 만들어 보기
- 만든 이야기 발표하기

질문카드 활용

- 정말 친구를 고양이에게 바칠 수 있을까요?
- 만약, 내가 쥐라면 어떻게 했을 것 같나요?
- 멋 내기를 좋아하는 고양이는 생일 선물로 생쥐들에게 멋진 방울을 선물 받았는데 생쥐들의 의도를 알고 있을까요?
- 선물 받은 고양이는 생쥐들에게 무엇을 해 줄까요?
- 고양이와 생쥐들은 앞으로 어떻게 살아갈까요?
- 고양이에게 선물할 방울을 디자인한다면?(행동카드: 그림 그리기)
- 선물 받았을 때 기분을 상상하면서 그림(글, 편지, 시 등)으로 표현해 보자.(행동카드 활용: 그림 그리기, 글쓰기, 편지 쓰기, 몸으로 표현하기 등 하나를 뽑아서 진행하기)

내가 주인공이라면 이 장면에서 기분이 어떨까요?	×	몸으로 표현해 보세요.
〈질문카드〉		〈행동카드〉

나는 방울 디자이너

1. 멋 내기를 좋아하는 고양이에게 선물할 방울을 디자인해 볼까요?

2. 디자인 한 방울을 다양한 재료를 활용해서 만들고 만드는 과정을 기록한다.

방울 디자인하기

디자인된 방울을 만들기 위해 필요한 재료와 도구를 아이와 함께 적어 보세요.

- 재료:
- 필요한 도구:
- 방울의 특징:
- 방법:

※ 그림책에서 멋 내기를 좋아하는 고양이에게 방울을 만들어 선물한 것처럼 아이와 함께 멋진 방울을 만들어 본다.

① 먼저 방울을 만들기 전에 방울 디자인을 한다.

② 다양한 재료를 활용해서 디자인한 방울을 아이와 함께 만들어 보고 역할 놀이한다.

(2) 2단계 융합단계: 해석 및 변형

① 이해와 감상-이해를 위한 사전단계

- 주요 장면, 줄거리 요약 설명하기
- 인상적인 장면 선정하기
  - 이 이야기에서 가장 인상에 남는 장면은 어떤 것인가요?
  - 장면 선정 후 장면을 보고 생각나는 대로 이야기하기(브레인스토밍)

② 자의적 해석-이해단계

- 그림의 시각적 요소에 대한 느낌을 이야기해 본다.
- 각 장면마다 글과 그림을 살펴본다.
- 장면의 이야기를 생각나는 대로 포스트잇에 적는다.

- 바꾸고 싶은 장면이 있다면 어디일까요?

③ 이야기 데이터 수집(마인드맵)-이야기 데이터 수집단계

- 이야기 주제 찾기: 마인드맵
- 각 장면의 그림에서 특이한 점 찾기
- 장면의 배경에 대해 이야기하기

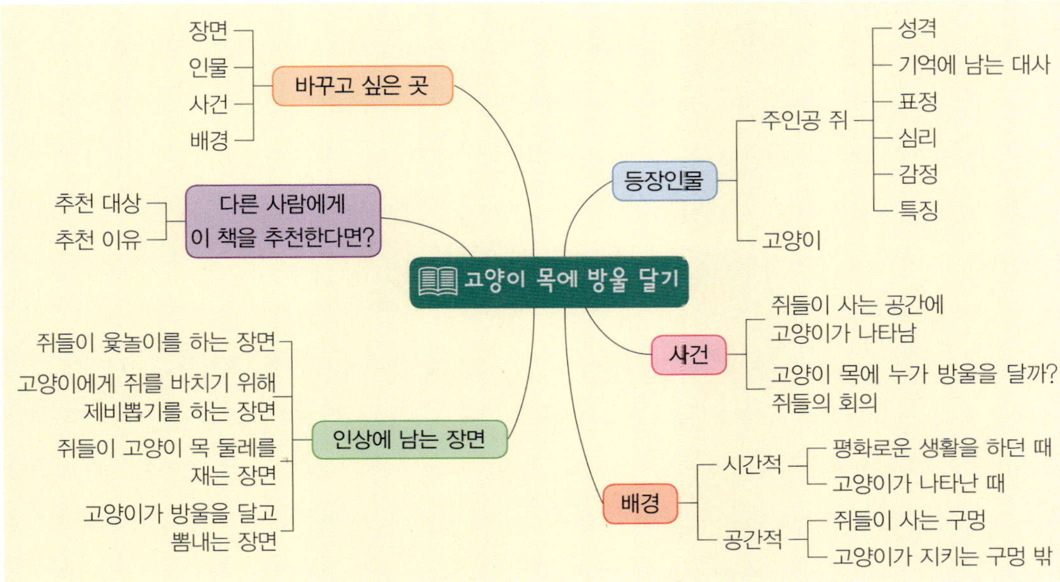

〈마인드맵〉

④ 재구성-코딩단계

- 부분을 다르게 재구성
- 인물, 배경을 바꿔서 재구성
- 사건을 다르게 재구성
- 이야기의 전후를 다르게 재구성
- 새로운 갈등 구조를 만들어 재구성
- 나의 경험에 빗대어 재구성

(3) 3단계 표현단계: 미디어로 내보내기

① 결과물 기술방법에 대한 전략

- 사실보고서 형식의 미디어 결과물

② 표현단계의 진행과정

① 표현카드의 내용에 따라 대본을 만든다.

② 대본을 만든 후 역할을 정한다.

③ 역할을 나누어 진행한다.

④ 진행하는 내용을 영상으로 촬영하거나 녹음한다.

예 〈표현카드〉 인터뷰

인터뷰

〈인터뷰 질문지 만들기〉

① 방울 디자이너인 생쥐 인터뷰

안녕하세요? 방울 디자이너 ㅇㅇㅇ입니다. 오늘 디자인 한 방울은 멋 내기 좋아하는 고양이에게 선물할 방울인데요.
이 방울의 특징은 ....

.... 입니다.

재료는 ....

.... 사용했고요.

만드는 방법은 ....

.... 입니다.

멋 내기 좋아하는 고양이가 이 방울을 달고 다니면 ....

....

....

② 멋진 방울을 단 멋 내기를 좋아하는 고양이 인터뷰

– 어린이가 질문지를 만들 수 있도록 유도한다.

Ⓐ 고양이에게 개인적으로 물어보고 싶은 말을 포스트잇 1장에 질문 하나씩 적어서 질문지를 만든다.

Ⓑ 만든 질문지를 그룹에서 발표하고 3가지 정도의 질문지를 뽑는다.

Ⓒ 뽑은 질문지로 인터뷰를 한다.

7) 친구랑 싸웠어!

시바타 아이코 글·이토 히데오 그림 | 이선아 역 | 시공주니어 | 2006. 3. 10.

'다이'는 매일 놀이 섬이라는 놀이터에서 노는 평범한 아이다. 어느 날, 가장 친한 친구인 '고타'와 싸운다. 하지만 고타를 이기지 못하자 화가 난다. 다이는 억울한 마음에 만두를 먹자는 선생님의 제안도 거절하고, 고타의 사과도 받아 주지 않는다. 하지만 엄마가 가져온 만두를 먹고 어느새 화가 풀리는데 "다음엔 내가 꼭 이길 거야."라고 다짐하는 마지막 장면에서 우리 아이들은 환호한다.

1인칭 주인공 시점으로 주인공인 다이가 이야기를 끌고 가고 있어 다이의 심리 묘사가 잘 드러나 있다.

(1) 1단계 수용단계: 이야기 받아들이기

① 이야기 수용 전 준비

- 표지 읽기
  - 표지 그림을 보면서 이야기한다.(이야기 예측하기)
  - 어떤 이야기일까요?
- 면지, 뒤표지 모두 살펴보고 이야기를 나눈다.
- 좋아하는 장면이 있나요? 왜 그 장면이 좋아요?
- 인상 깊은 장면은 어디인가요? 왜 그런가요?
- 표지를 보고 상상한 이야기가 내용과 어떻게 다른지 이야기해 본다.
- 그림을 보고 어떤 느낌이 드는지 이야기해 본다.

② 그림책 읽어 주기

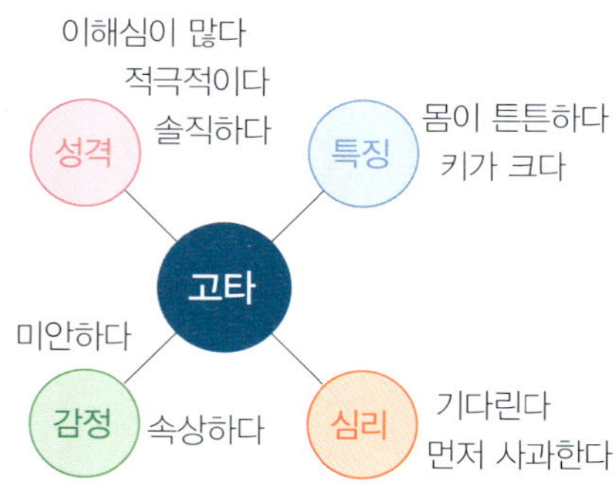

- 등장인물을 이해하고 등장인물의 성격과 심리를 분석해서 감정을 넣어 읽어 주면 아이들은 다이나 고타에게 감정을 이입한다.
- 주인공 다이가 이야기를 끌고 가는 1인칭 주인공 시점이다. 책을 읽을 때 주인공의 입장이 되어 읽어 주면 아이들이 쉽게 감정이입을 할 수 있다.

③ 생각/느낌 나누기

- 주인공이나 등장인물 마음 되어 보기
- 자신의 생각이나 느낌 발표하기
- 작가의 의도 알아보기

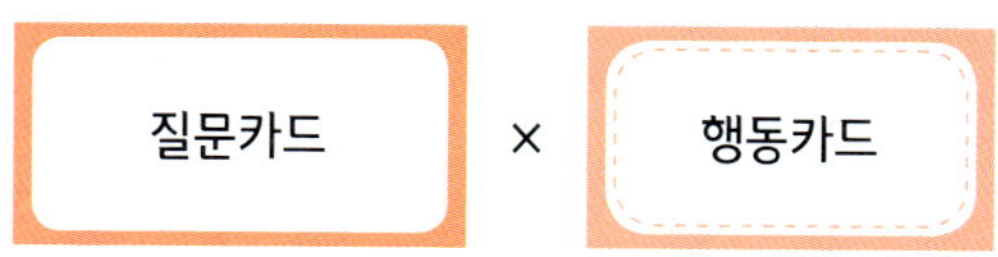

④ 경험의 수용

- 이야기의 구성 요소(등장인물, 사건, 배경 등) 찾기
- 그림책의 장면과 관련된 자신의 경험 떠올리기

– 아이들은 자신의 경험에 빗대어 자신과 타자를 이해하는 힘을 기를 수 있다.
– 화가 난 모습을 그리고 어떨 때 화나는지 아이와 이야기해 본다.
– 화날 때 어떻게 하면 화가 풀어지는지 아이와 이야기해 본다.

화난 모습 1

■ 이유: ....

■ 화 푸는 방법: ....

화난 모습 2

■ 이유: ....

■ 화 푸는 방법: ....

화난 모습 3

■ 이유: ....

■ 화 푸는 방법: ....

⑤ 생각/느낌 나누기

- 느낌을 글 또는 그림으로 표현하기
- 이야기를 자유롭게 해석하고 만들어 보기
- 등장인물, 사건, 배경을 다르게 만들어 보기
- 만든 이야기 발표하기

질문카드 × 행동카드

- 행동카드를 임의로 뽑아서 활동해도 좋다. 발표 내용과 뽑은 행동카드가 모순이 있더라도 아이들은 행동카드 대로 행동하기 위해 창의적인 생각을 하게 된다.

(2) 2단계 융합단계: 해석 및 변형

① 이해와 감상-이해를 위한 사전단계

- 주요 장면, 줄거리 요약 설명하기
- 인상적인 장면 선정하기
  - 이 이야기에서 가장 인상에 남는 장면은 어떤 것인가요?
- 장면 선정 후 장면을 보고 생각나는 대로 이야기하기(브레인스토밍)
  - 그림책 속 이야기나 그림의 장면에서 기억에 남는 부분이 있나요?
    - ➜ 다이가 고타에게 맞아서 넘어지는 장면이요.
    - ➜ 엄마는 만두 먹으러 가고 다이가 혼자 있는 장면이요.
    - ➜ 엄마가 가지고 온 만두 먹는 장면이요.
    - ➜ 마지막에 "다음엔 꼭 이길 거야."라고 말하는 장면이요.

② 자의적 해석-이해단계

- 그림의 시각적 요소에 대한 느낌을 이야기해 본다.
- 각 장면마다 글과 그림을 살펴본다.

- 장면의 이야기를 생각나는 대로 포스트잇에 적는다.
  - 다이가 고타에게 맞아서 넘어지는 장면이 왜 기억에 남나요?(포스트잇을 활용하여 아이가 말하는 내용을 적어서 붙인다.)

다이가 불쌍해요.	넘어져서 아플 것 같아요.	화가 나요.
저도 그런 적 있어요.	친구랑 싸우면 안 돼요.	약올라요.

- 바꾸고 싶은 장면이 있다면 어디일까요?

③ 이야기 데이터 수집(마인드맵)-이야기 데이터 수집단계

- 이야기 주제 찾기: 마인드맵
- 각 장면의 그림에서 특이한 점 찾기
- 장면의 배경에 대해 이야기하기

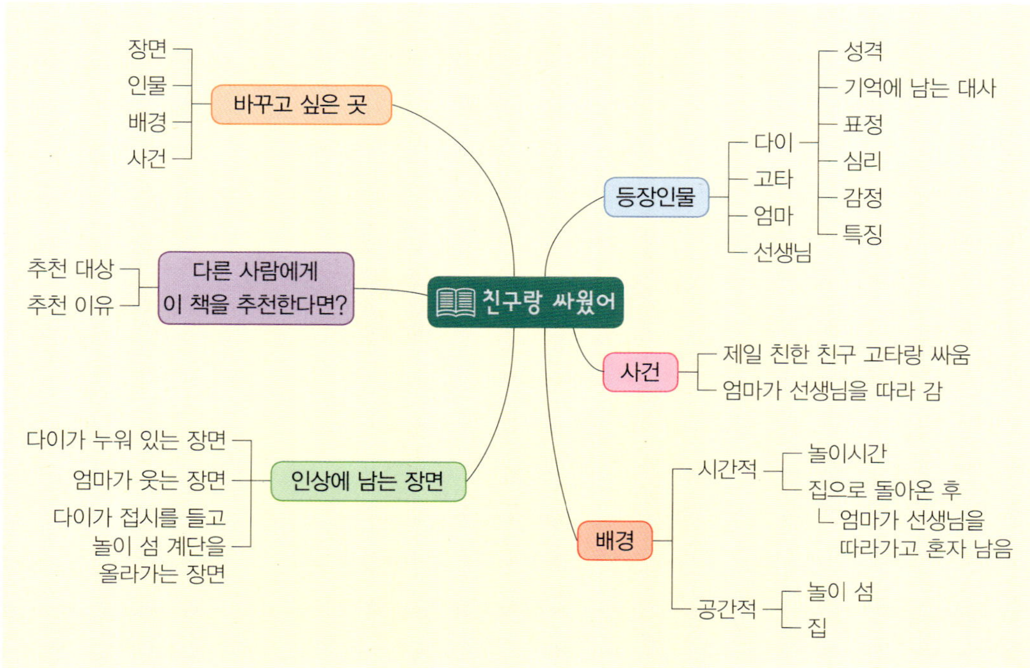

〈마인드맵〉

④ 재구성-코딩단계

- 부분을 다르게 재구성
- 인물, 배경을 바꿔서 재구성
- 사건을 다르게 재구성
- 이야기의 전후를 다르게 재구성
- 새로운 갈등 구조를 만들어 재구성
- 나의 경험에 빗대어 재구성

(3) 3단계 표현단계: 미디어로 내보내기

① 결과물 기술방법에 대한 전략

- 주관적 스토리텔링을 통한 미디어 결과물

② 표현단계의 진행과정

① 표현카드의 내용에 따라 대본을 만든다.

② 대본을 만든 후 역할을 정한다.

③ 역할을 나누어 진행한다.

④ 진행하는 내용을 영상으로 촬영하거나 녹음한다.

예 〈표현카드〉 감정 캐스터

감정 캐스터

날씨가 매일 똑같다면 우리의 생활은 지루할 것이다. 맑은 날도 있고, 비 오는 날도 있고, 눈이 펑펑 내리는 날도 있다. 또 바람이 세차게 불거나 장마처럼 비가 세차게 내리는 날도 있다. 날씨가 매일 똑같지 않듯이 우리의 감정도 매일매일 다르다. 기쁠 때도 있고, 눈물을 펑펑 쏟고 싶을 만큼 슬플 때도 있다. 그리고 참을 수 없을 만큼 화가 나는 날도 있고, 너무 힘들고 슬플 때도 있다. 그리고 즐겁고 기쁜 날도 있다.

아이들이 감정 변화를 읽고 날씨가 달라지듯이 감정도 달라질 수 있다는 것을 알게 되면 화가 나거나 슬프거나 분노가 일어날 때 스스로 감정을 다스리고 정서적인 다양한 문제를 해결하는 데 도움이 될 것이다.

① 다이가 싸우다가 넘어졌을 때의 감정 단어만 포스트잇에서 떼어 낸다.

② 감정이 더 나올 수 있는지 아이들과 이야기 나누고 감정 단어를 포스트잇에 적는다.

③ 기상캐스터가 일기예보 하듯이 감정예보를 할 수 있는 대본을 쓴다.

④ 역할을 정하고 감정예보를 연습한다.

⑤ 녹음한다.

▪ 감정예보

놀이 섬에 나와 있는 감정 캐스터 ________입니다.
가장 친한 친구 고타와 싸우는 다이는 배신감에 더욱 화가 납니다. 싸움이 격렬해지고 다이가 불리한 상황이 되자 다이의 감정은 점차 분노로 바뀌고 있는데요. 분노로 바뀐 다이의 마음에는 잔뜩 찌푸린 먹구름으로 가득 차 있습니다. 곧 천둥과 번개를 몰고 비가 쏟아질 것 같습니다.
이상 놀이 섬에 나와 있는 감정 캐스터 ________였습니다.

※ 아이들이 기억에 남는 장면을 이야기 나누기를 통하여 포스트잇에 적는다. 장면에 따라 변화되는 감정을 데이터로 뽑아내고 감정예보 대본을 만들고 녹음한다.

8) 엄마가 화났다

최숙희 글·그림 | 책읽는곰 | 2011. 5. 3C.

주인공 산이는 좋아하는 자장면을 먹고 있지만 엄마는 가만히 앉아서 먹지 않는다고 잔소리를 한다. 얼굴에 얼룩이 생겨 목욕탕에서 씻으면서 거품 놀이를 하지만 엄마는 미끄러지면 다친다고 소리를 지른다. 가만히 앉아서 그림을 그리다가 종이가 너무 작아서 벽에 그림을 그리는 산이. 엄마는 돼지우리 같다며 "너 때문에 못 살아." 하며 불같이 화를 내기도 한다.

뜨거운 기운이 휩쓸고 간 뒤 산이가 감쪽같이 사라지자 엄마는 산이를 찾기 시작한다. 정신없이 산이를 찾아 나선 엄마는 자장면, 비누 거품, 절벽에 있는 그림을 만나고 모두 엄마한테 혼이 나서 가슴이 답답하다고 한다. 절벽의 그림은 엄마가 "너 때문에 못살아."라고 해서 속상하다. 엄마가 정말 좋은데 말이다.

그제야 산이에게 미안한 마음이 든 엄마는 주저앉아 울기 시작한다. "산아, 미안해. 엄마가 정말 미안해." 엄마의 소리를 들었을까? 산이가 엄마를 부르며 나타난다.

(1) 1단계 수용단계: 이야기 받아들이기

① 이야기 수용 준비

- 표지 그림을 보면서 이야기한다.(이야기 예측하기)
  - 어떤 이야기일까요?
- 면지, 뒤표지 모두 살펴보고 이야기를 나눈다.
- 좋아하는 장면이 있나요? 왜 그 장면이 좋아요?
- 인상 깊은 장면은 어디인가요? 왜 그런가요?
- 표지를 보고 상상한 이야기가 내용과 어떻게 다른지 이야기해 본다.
- 그림을 보고 어떤 느낌이 드는지 이야기해 본다.

② 그림책 읽어 주기

주인공 산이의 행동에 반응하는 엄마의 잔소리를 실감 나게 읽는다. 아이들에게 책을 읽어 줄 때는 읽는다는 생각보다는 이야기를 들려준다는 생각으로 읽어 주는 것이 좋다. 특히, 어린 유아의 경우 더욱더 이야기를 하듯이 읽어 준다면 아이들은 금방 책 속으로 빠져든다. 주인공 산이의 행동과 대화도 산이의 감정을 넣어서 읽어 준다면 이야기를 듣는 아이는 산이의 마음에 공감할 것이다.

엄마가 없어진 산이를 찾기 시작할 때부터는 판타지 세계로 들어가는데, 이때 엄마가 산이의 마음을 읽어 주는 장면이 나온다. 산이가 왜 그렇게 했는지, 산이와 똑같이 행동한 다른 사물들을 만나면서 엄마가 화낼 때 기분이 어땠는지를 표현하고 있다. 산이의 마음을 읽어 주는 장면이다. 이때도 산이의 입장에서 대화를 표현해 준다면 동화를 듣는 아이는 산이를 통해서 자신의 마음을 발견하고 위로받게 된다.

아이의 행동을 가르치려고 하기보다는 이렇게 책을 통해서 아이의 감정을 먼저 들여다보고 마음을 읽어 준다면 아이는 스스로 문제를 해결하는 능력을 키울 수 있다.

산이 나이 설정 & 목소리 표현법

산이의 나이는 이야기를 듣는 아이의 나이와 같게 하면 된다. 아이들은 또래 아이에게 더 많이 감정을 이입하기 때문이다. 산이의 성격은 개구쟁이지만 착하고 순수하다. 성대를 조여 주고 명치 쪽에 힘을 주어 소리를 내면 산이 목소리를 만들 수 있다.

③ 생각/느낌 더하기(감지적 자극)

- 주인공이나 등장인물 마음 되어 보기
- 자신의 생각이나 느낌 발표하기
- 작가의 의도 알아보기

질문카드 × 행동카드

④ 경험의 수용

- 이야기의 구성 요소(등장인물, 사건, 배경 등) 찾기
- 그림책의 장면과 관련된 자신의 경험 떠올리기

질문카드 × 행동카드

⑤ 생각/느낌 나누기

- 느낌을 글 또는 그림으로 표현하기
- 이야기를 자유롭게 해석하고 만들어 보기
- 등장인물, 사건, 배경을 다르게 만들어 보기
- 만든 이야기 발표하기

질문카드 × 행동카드

(2) 2단계 융합단계: 해석 및 변형

① 이해와 감상-이해를 위한 사전단계

- 주요 장면, 줄거리 요약 설명하기
- 인상적인 장면 선정하기

② 자의적 해석-이해단계

- 그림의 시각적 요소에 대한 느낌을 이야기해 본다.
- 각 장면마다 글과 그림을 살펴본다.
- 장면의 이야기를 생각나는 대로 포스트잇에 적는다.

- 바꾸고 싶은 장면이 있다면 어디일까요?

③ 이야기 데이터 수집(마인드맵)-이야기 데이터 수집단계

- 이야기 주제 찾기: 포스트잇 활용
- 각 장면의 그림에서 특이한 점 찾기
- 장면의 배경에 대해 이야기하기

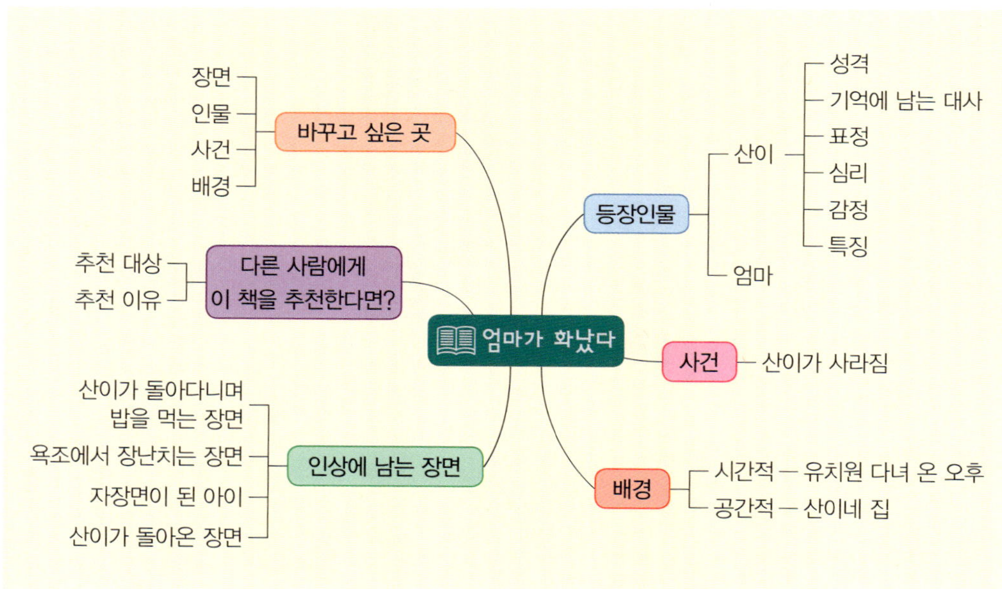

〈마인드맵〉

④ 재구성-코딩단계

- 이야기 데이터를 활용하여 이야기의 한 부분을 다르게 재구성한다.
- 인물이나 배경을 아이들이 바꿔서 재구성할 수 있도록 한다.
- 이야기의 사건을 다르게 하여 재구성한다.
- 이야기의 전개(순서)를 바꿔서 재구성한다.
- 새로운 갈등 구조를 만들어 재구성한다.
- 나의 경험에 빗대어 재구성한다.

(3) 3단계 표현단계: 미디어로 내보내기

① 결과물 기술방법에 대한 전략

- 사실보고서 형식의 결과물
- 주관적 스토리텔링을 통한 결과물

② 표현단계의 진행과정

① 표현카드의 내용에 따라 대본을 만든다.

② 대본을 만든 후 역할을 정한다.

③ 역할을 나누어 진행한다.

④ 진행하는 내용을 영상으로 촬영하거나 녹음한다.

예 〈표현카드〉 인터뷰

인터뷰

〈인터뷰 놀이를 위해서 인터뷰 질문지 만들기〉

※ 코딩한 내용을 중심으로 아이와 함께 질문지를 만들어 본다.

이야기 나누기에서는 답이 정해진 내용의 질문은 하지 않는 게 중요하다. 코딩을 통해 나온 '엄마 마음, 엄마 모습, 산이 기분, 산이 재능, 집 안 모습' 중 아이와 이야기 나누고 싶은 부분을 질문지로 만들고 인터뷰 놀이를 한다.

예 산이 마음 인터뷰

엄마(선생님): 지금부터 엄마(선생님)랑 인터뷰 놀이를 할 거야. 지금부터 ________는 주인공 산이가 되는 거야. 엄마(선생님)는 기자를 할게. 기자가 물어보면 산이가 대답하는 거야.

엄마(선생님)(기자): ㅇㅇ방송국 기자 ________입니다. 이곳에 굉장히 슬픈 얼굴을 한 아이가 있네요. 만나서 이야기를 나눠 보겠습니다. 안녕하세요. 이름이 어떻게 되나요? 왜 이렇게 슬픈 얼굴을 하고 있나요?

아이(산이): ....

....

엄마(선생님)(기자): 많이 슬프겠네요. 그런데 왜 엄마가 그런 말을 했을까요?

아이(산이): ....

....

엄마(선생님)(기자): 자장면 먹을 때 돌아다니면서 먹고, 비누 거품 놀이 하고, 벽에 그림을 그렸다고 엄마에게 혼이 났군요. 그럼 산이는 자장면을 먹을 때 왜 그렇게 돌아다니면서 먹었나요?

아이(산이): ....

....

엄마(선생님)(기자): 엄마가 그렇게 할 때 기분은 어떤가요?

아이(산이): ....

....

엄마(선생님)(기자): 산이가 갑자기 없어졌는데 어디 갔었나요?

아이(산이): ....

....

엄마(선생님)(기자): 엄마가 산이를 찾아다녔을 때 산이는 기분이 어땠어요?

아이(산이): ....

....

엄마(선생님)(기자): 엄마가 "미안해, 사랑해."라고 말할 때 산이는 엄마에게 뭐라고 말하고 싶어요?

아이(산이): ....

....

엄마(선생님)(기자): 만약, 산이가 약사가 되어 산이처럼 엄마한테 혼났을 때 먹으면 기분이 좋아지는 약을 지어 준다면 어떤 약을 만들어 줄 수 있을까요?

아이(산이): ....

....

※ 가상의 방송국을 만들어서 역할을 정하고 스마트폰이나 녹음기를 활용하여 인터뷰를 녹음한다.

- 녹음하기
  - 휴대폰 녹음 기능을 활용하여 녹음을 한다.
  - 녹음을 한 후 아이와 함께 들어 본다.

Tip

- 인터뷰의 질문을 다양하게 만들어서 해 본다.
- 아이가 기자가 되어 산이 엄마를 인터뷰해도 좋다.
- 아이가 기자가 되고 엄마(선생님)가 산이가 되어 인터뷰를 해 보면 서로의 마음을 이해하는 데 도움이 된다.
- 처음에는 책의 내용을 중심으로 인터뷰를 하고 익숙해지면 아이가 생각할 수 있는 질문을 만들어 아이의 사고력과 언어능력을 향상시킬 수 있도록 하면 좋다.
- 녹음한 내용을 아이와 함께 들어 본다.

제 2 부

그림책 읽어 주기

제 6 장

마음의 근력, 회복탄력성 키우기

어린 시절의 경험은 인생을 살아가는 데 아주 중요한 역할을 한다. 특히, 어린 시절에 받은 상처는 아이들의 무의식 속에 잠재되었다가 문제 상황을 만났을 때 본인도 모르는 사이에 고개를 들고 나올 수 있으므로 어린 시절 마음의 상처를 치유하고 극복할 수 있는 힘을 키워 주는 것이 중요하다. 우리는 이것을 회복탄력성이라고 한다. 회복탄력성이 높은 사람은 어떠한 문제에 직면했을 때 극복할 수 있는 힘이 생기고, 그렇지 못할 경우는 문제를 해결하기보다는 문제 속에서 잠겨 어려운 상황으로 몰고 가는 경우가 있다. 그러므로 어린 시절부터 회복탄력성을 키워 주어야 한다.

어린이가 건강하게 성장하기 위해서는 많은 경험이 필요하다. 그래서 요즘 부모들은 나들이, 여행, 견학, 관찰 등의 풍부한 경험을 아이들에게 해 주려고 여러 가지 활동을 하고 있다. 하지만 직접 경험으로 할 수 있는 범위는 다양하지 않기 때문에 스스로 생각하면서 느낄 수 있는 간접 경험이 더 필요하다. 간접 경험을 할 수 있는 가장 좋은 방법이 바로 그림책이다. 어린이는 직접 경험으로는 얻을 수 없는 여러 가지 상황을 그림책을 보면서 느끼고 생각하고 공감한다. 또한,

그림책을 통해서 감정이입을 하게 되고 자신의 슬픔이나 고통도 극복할 수 있다. 현실에서 아이들을 이해시키거나 설명하기 어려운 부분들도 좋은 그림책만 있다면, 충분히 부모와 아이가 같이 책을 읽으며 공감하고 문제를 해결해 나갈 수 있다. 그러므로 그 아이의 상황에 맞는 그림책을 읽어 주는 것이 필요하다.

그러면 그림책이란 무엇일까? 그림책은 그림과 이야기가 있는 책이다. 그림이 글의 내용을 부가적으로 설명해 주는 삽화가 아니라 글과 그림이 함께 이야기를 전개해 가는 것이다. 그래서 그림 없이는 이야기의 흐름이나 내용이 잘 전달되지 않는다. 벨기에 여류작가 가브리엘 뱅상의『비 오는 날의 소풍』은 귀여운 생쥐 '셀레스틴느'와 곰 아저씨 '에르네스트'의 대화로 이루어진 그림책이다. 글은 두 주인공의 대화가 주를 이루고 있고 그림은 이야기를 설명해 주는 해설 역할을 하고 있어 그림을 보지 않으면 이야기의 맛을 살릴 수가 없다. 특히, 그림에는 셀레스틴느의 심리나 비 오는 날의 풍경, 소풍의 즐거움을 엿볼 수 있어 그림책의 매력을 느낄 수 있다. 아이들에게 그림책을 읽어 줄 때는 그림도 함께 읽어 줘야 한다. 그림책은 그림을 읽지 않고는 주인공의 심리나 감정을 이해하기 힘들다.

글 없이 그림만 있는 그림책도 있는데 그림이 이야기를 해 주고 있다. 옐라 마리 작가의『빨간 풍선의 모험』,『사과와 나비』, 이수지 작가의『거울 속으로』,『파도야 놀자』,『동물원』, 데이비드 위즈너 작가의『시간 상자』,『구름공항』,『이상한 화요일』, 류재수 작가의『노란 우산』, 숀 탠 작가의『도착』등의 글 없는 그림책도 아이들의 마음을 읽어 주고 마음의 상처를 스스로 치유할 수 있는 힘을 키워 주고 있다. 아이들과 함께 그림을 읽어 가면서 그림책의 매력을 느껴 보자.

1 동생을 기억하게 해 준 그림책『라이카는 말했다』

이민희 글 · 그림 | 느림보 | 2007. 1. 17.

10여 년 전 문화센터에서 아이들을 대상으로 그림책 놀이 수업을 한 적이 있다. 그때 이민희 작가의『라이카는 말했다』를 아이들에게 읽어 주었다.

라이카는 지구 생물 중 최초로 우주로 간 러시아 강아지다. 러시아의 우주 비행사 유리 가가린(Yurii Gagarin)이 1961년 4월 12일 우주선 보스토크 1호를 타고 우주로 갔다가 지구로 돌아왔을 때 사람들은 그를 영웅처럼 대접했다. 하지만 그보다 앞서 1957년 우주여행을 떠난 라이카를 기억하는 사람은 없다. 라이카는 돌아오지 못하고 우주의 떠돌이 강아지가 됐기 때문이다. 작가는 라이카의 슬픈 이야기를 유쾌하게 승화시켰고 주인공 라이카를 다른 생물체가 살고 있는 행성으로 보내는 것으로 이야기의 끝을 낸다.

이 이야기를 들려주고 아이들과 우주선을 만들고 본인이 만든 우주선에 1명만 태우고 우주여행을 하는 놀이 활동을 했다. 그리고 본인과 단 1명만 탈 수 있다면 누구를 태우겠냐고 물었다. 아이들 대부분의 대답은 부모님이었다. 그런데 특이하게 동생을 태우겠다는 7세 여자아이가 있어 '동생과 매우 우애가 좋은 아이구나.'라고 생각했다. 그리고 아이어머니와 대화를 나누면서 깜짝 놀랐다. 그 아이에겐 동생이 없었다. 아니, 수년 전에 동생을 병으로 잃었다는 것이다. 마음이 너무 아팠다. 다른 아이들은 모두 행복한 우주여행을 꿈꾸며 부모님을 생각했는데 이 아이는 돌아오지 못한 라이카에게 동생을 이입시킨 것이었다. 이 아이는 그때까지 동생을 놓지 못하고 마음에 담고 있었던 것이 아닐까 생각했다. 독서 상담 수업이 아니어서 아이와 많은 이야기를 하지 못했지만, 그 후 독서 심리 상담에 관심을 가졌고 독서 상담사 공부를 하기 시작했다.

그리고 지금은 그림책이 아이들의 마음을 달래 주고 마음의 상처를 스스로 치유할 수 있는 힘을 키워 주어 마음의 근력을 단단하게 해 준다는 사실을 알리고 있다.

2 엄마의 마음을 위로하는 그림책 『언제까지나 너를 사랑해』

로버트 먼치 원작 · 이세 히데코 그림 | 김하루 글 | 북뱅크 | 2017. 7. 28.

초등학교, 유치원 등에서 부모교육을 할 때면 늘 로버트 먼치 작가의 『언제까지나 너를 사랑해』를 읽어 준다. 이 책을 읽어 줄 때마다 어머니들이 눈물을 흘리는 것을 보게 된다. 이 책은 엄마의 엄마를 생각하게 해 주는 그림책이다. 아이들에게 수십 번 읽어 줬던 그림책이지만 정작 엄마들에게 읽어 준 적이 없어 어느 학부모 교육 시간에 이 책을 읽어 주었다. 그때 그 강의장에 있던 학부모들의 눈이 촉촉해진 것을 발견했다. '내가 내 아이에게 하듯이 내 엄마도 나를 그렇게 키우셨구나. 이젠 늙어 더 이상 자장가를 불러 줄 힘조차 남아 있지 않은 엄마'. 그림책 속 엄마에게 감정을 이입한 학부모들은 눈물을 흘리면서 카타르시스를 느낀다.

이 그림책은 2000년에 우리나라에 들어와서 100쇄를 인쇄한 스테디셀러다. 2017년에 100쇄 인쇄를 기념하기 위해 일본 작가 이세 히데코가 그림을 그려서 새롭게 출판되었다. 어떤 책이든 아이들과 함께 보면서 나의 부모님을 생각해 보는 기회를 가졌으면 한다.

3 아이들의 억울함을 시원하게 풀어 주는 그림책 『눈물바다』

서현 글 · 그림 | 사계절 | 2009. 11. 2.

서현 작가의 『눈물바다』는 아이들이 억울할 때 마음을 읽어 주고 "그래, 너도 억울한 일이 있었겠구나. 억울할 땐 한번 크게 울어 봐, 울어도 괜찮아."라고 말해 준다. 아이들은 그림책에서 자신만의 메시지를 발견하고 위로를 받는다.

아이는 시험을 봤는데 아는 게 하나도 없다. 게다가 급식 시간에는 모두 풀 쪼가리 같은 음식만 나오고 아이가 좋아하는 것은 하나도 없다. 그래서 급식도 남긴다. 수업 시간엔 짝꿍이 먼저 놀려서 싸웠는데 선생님은 주인공만 혼낸다. 수업이 끝나고 집으로 가야 하는데 비까지 오고, 다른 친구들 엄마는 다 우산을 가지고 기다리고 있는데 주인공 엄마만 오지 않는다. 아이는 창의력을 발휘해 박스를 쓰고 집으로 온다.

이 책을 읽어 주고 있는데 주인공이 현관에 들어선 장면에서 그림을 본 한 아이가 먼저 "선생님, 엄마 아빠가 싸우고 있어요."라고 말해서 깜짝 놀랐다. 왜 그렇게 생각하는지 물었더니 아이는 "아빠 신발이 흩어져 있어요."라고 대답했다. '아이들은 사소한 것도 놓치지 않고 보는구나.'라고 생각했다. 작가는 이곳에서 아빠와 엄마가 싸운다는 것을 복선으로 깔아 둔 거다. 아니나 다를까 다음 장엔 엄마 아빠가 싸우고 있다. 아이는 환호성을 지른다. "그거 봐. 내 말이 맞지?" 이 아이는 내가 억울했던 경험보다 엄마 아빠의 싸움이 마음속에 더 남아 있었던 게 아닐까? 싶어 계속 질문을 했다. 아이는 질문에 답을 하면서 마음 깊은 곳에 있던 이야기를 꺼낸다. 작가는 엄마와 아빠가 싸우는 장면을 "공룡 두 마리가 싸운다."라고 표현하고 있다. 아마 그 아이의 기억 속에 싸움을 하던 엄마, 아빠도 공룡이 아니었을까?

『눈물바다』의 주인공은 하루 종일 머피의 법칙이 떠나지 않고 억울한 일만 있어서 눈물을 흘린다. 그리고 그 눈물이 바다가 되고 나를 약 올리고 힘들게 했던 모든 사람들을 바다에 떠내려 보낸다. 방송국에서 기자들이 나와 취재도 하고 있다. 눈물바다에서 한참을 신나게 놀던 주인공은 왠지 미안해진다. 그래서 모두 건져 올려 빨랫줄에 걸고 헤어드라이어를 사용해서 말려 준다.

눈물바다에서 노는 장면, 헤어드라이어로 말리는 장면에서 웃음을 짓게 한다. 그러면서 주인공 아이는 억울함을 풀어 간다. 주인공은 모두에게 "미안해."라고 말한다. 하지만 마지막엔 후련함을 메시지로 던져 주고 있다.

어머니 특강에서 이 책을 읽어 줬는데 그때 한 어머니의 반응에 당황한 적이 있다. "시험을 못 본 것은 본인이 공부를 안 했기 때문 아니에요? 그리고 급식 시간에 왜 편식을 합니까? 골고루 먹어야지요. 부모가 공룡이 뭐예요? 그리고 바다에 사람들을 떠내려 보내면 어찌합니까? 건졌을 때도 그래요. 빨래집게로 집으면 얼마나 아플까요?"

이 이야기를 듣는 순간 머리가 하얘졌다. '그래, 그렇게 생각하는 사람이 있을 수도 있겠네. 주인공 아이의 마음이 아니라 부모의 마음으로 감정이입이 되고 왜곡된 감정이 이렇게 나올 수도 있겠구나.' 생각했다. 같은 그림책이지만 읽는 대상에 따라 다르게 접근하고 다르게 문제를 풀어 갈 수 있는 그림책의 힘에 다시 한 번 놀랐다.

4 같은 책이지만 위로받는 메시지는 독자마다 다른 그림책 『놀이터의 왕』

필리스 레이놀즈 네일러 글 · 놀라 랭그너 멀론 그림 | 이옥용 역 | 보물창고 | 2007. 9. 20.

필리스 레이놀즈 네일러 작가의 『놀이터의 왕』은 '바람직한 친구 관계 만들기'라는 딱지를 표지에 붙여 놓고 있지만 어떻게 보면 아이들을 중재하는 부모들의 바람직한 대처법을 알려 주기도 한다. 그리고 주인공 케빈에게 감정을 이입하는 아이가 있을 수도 있고 캐빈을 괴롭히는 새미에게 감정을 이입하는 아이가 있을 수도 있다. 이처럼 그림책은 누가 어떻게 보느냐에 따라서 감정을 풀어내는 방법이 달라진다.

이 그림책은 놀이터에서 놀고 싶지만 훼방꾼 새미 때문에 놀이터 가는 것이 두려운 케빈의 이야기다. 케빈은 배트맨 팬티에 스파이더맨 티셔츠, 주머니에 말발굽 장식이 있는 바지까지 입었지만 조금은 불안한 마음으로 놀이터에 간다. '새미가 있으면 어쩌지? 미끄럼을 타고 싶지만 새미가 있으면 안 탈거야.' 생각하고 놀이터에 가지만 새미가 먼저 와서 "난, 놀이터의 왕이다."라고 케빈에게 으름장을 놓는다.

결국, 케빈이 집으로 돌아오자 아빠는 "놀이터에 간 줄 알았는데?"라고 묻는다. 그러자 케빈은 "새미가 미끄럼 타면 밧줄로 꽁꽁 묶어서 도망치지 못하게 한대요."라며 새미 이야기를 한다. 이 말을 들은 아빠는 어떻게 했을까? 우리 엄마 아빠들이라면 "당장 놀이터에 가 보자." 하고 아이 손을 끌고 놀이터로 향하는 경우도 있을 것이다. 그러나 이 책에서 케빈의 아빠는 "정말 그렇게 말했니? 새미가 널 묶는 동안 넌 뭘 할 건데? 그냥 가만히 있을 거니?"라고 묻는다.

그러자 케빈은 자기가 할 수 있는 일을 곰곰이 생각하고 말한다. 그러자 아빠는 "그럼, 그렇게 하렴." 하고 아이에게 용기를 준다. 아빠는 매번 케빈이 놀이터에 갔다 오면 케빈의 말을 듣고 케빈이 스스로 문제를 해결할 수 있도록 생각할 시간을 준다. 아빠가 문제를 해결해 주는 것이 아니라 아이가 스스로 무엇을 할 수 있는지 생각하게 하는 것이다. 그래서 케빈은 놀이터의 왕 새미에게 도전을 하고 결국은 모래성을 쌓으며 화해를 한다.

용기 없는 케빈은 스스로 용기를 내고 친구와 어떻게 놀아야 하는지 잘 모르는 새미는 친구와 노는 방법을 터득하게 된다. 우리 아이가 케빈인지, 새미인지는 상관없다. 이 책은 모두가 행복해진다. 그리고 아빠의 현명함도 엿볼 수 있다.

5 선생님의 행동이 그림 그리기 싫어하는 아이를 화가로 만든 그림책 『점』

피터 레이놀즈 글 · 그림 | 김지효 역 | 문학동네어린이 | 2003. 10. 30.

피터 레이놀즈 작가의 『점』은 그림 그리는 것을 힘들어하는 베티가 주인공이다. 미술 시간이 끝날 때까지 그림을 그리지 못하고 하얀 도화지를 가지고 있는 베티에게 선생님은 "하얀 눈 속의 북극곰을 그렸구나!"라고 말한다. 베티는 아무것도 못 그렸다고 놀리지 말라고 한다. 그런 베티에게 선생님은 무엇이든 좋으니 한번 그려 보라고 한다. 베티는 연필을 힘껏 내리꽂고 선생님은 이름을 쓰라고 한다. 다음 주 미술 시간, 점 하나 찍힌 베티의 그림이 교실 칠판 앞에 멋진 액자에 담겨 있는 걸 베티는 발견한다.

베티는 "점은 저것보다 잘 그릴 수 있어."라고 생각하고 그때부터 큰 점, 작은 점, 빨간 점, 파란 점 등 다양한 점으로 그림을 그리기 시작한다. 한 번도 써 보지 않았던 물감을 꺼내 섞어서 다양한 색깔도 만든다. 선생님의 행동이 베티를 점으로 그림을 그리는 화가로 만든 것이다. 선생님이 베티의 미술적인 재능을 발견한

걸까? 아니면 선생님으로서 학생의 마음을 읽어 준 걸까? 후자일 것이다. 베티의 마음을 읽은 선생님이 베티에게 용기를 주고 용기를 낸 베티가 자기의 재능을 발견한 게 아닐까 생각한다.

그리고 베티도 선생님처럼 그림 그리는 것을 두려워하는 아이에게 용기를 준다. 그림 그리는 것, 아니면 내가 잘하지 못하는 것에 대한 두려움이 있는 아이들이 이 책을 만나면 못하는 것에 대한 두려움을 극복하는 방법, 또는 발견하지 못한 다른 강점을 찾을 수 있다. 선생님이라면 자기반성을 하는 경우도 생길 수 있을 것이다. 그리고 내가 한 말 한마디, 행동 하나가 다른 사람의 인생을 바꿀 수 있다는 사실을 알려 주는 그림책이기도 하다.

이렇듯 그림책은 받아들이는 사람마다 다르게 인식되어 마음 한편에 자리 잡고 있던 작은 상처를 치유하는 힘을 가지고 있다.

6 엄마와 아이의 오해를 풀어 주는 그림책 『고함쟁이 엄마』

유타 바우어 글 · 그림 | 이현정 역 | 비룡소 | 2005. 6. 21.

몇 년 전 발달센터에서 독서 상담을 진행했었는데 그때 엄마를 두려워하고 거부하는 아이를 만난 적 있다. 아이는 발달장애가 있었고 엄마는 그 사실을 인정하는 데 많은 시간이 걸렸다. 엄마가 아이의 장애를 인정하지 않던 유아기에 아이를 학습을 시키기 위한 강압적인 행동이 초등학교 고학년이 될 때까지 아이의 마음에서 떠나지 않았고 엄마와 아이의 관계가 악화된 상황이었다. 그래서 이 모자의 관계를 회복시켜야 하기에 그림책 『고함쟁이 엄마』부터 시작했다.

유타 바우어 작가의 『고함쟁이 엄마』는 엄마 펭귄과 아기 펭귄 이야기다. 엄마 펭귄이 아침에 고함을 지르면서 글이 시작된다. 엄마 펭귄이 고함을 지르자 아기 펭귄의 온몸이 갈가리 찢어져 사방으로 흩어진다. 엄마가 지르는 "꽥" 소리 한마디에 우리 아이들의 마음이 아마 아기 펭귄의 몸처럼 찢기지 않을까 생각해 본다. 아기 펭귄은 소리도 지르고 싶고 몸을 찾기 위해 달려도 가고 싶지만 입도 없고 눈도 없어 그 자리에 가만 서 있다. 아기 펭귄 발 위에 드리운 그림자. 그것은 바로 엄마 펭귄이다. 엄마가 아기의 흩어진 몸을 찾아서 한데 꿰매고 있었던 거다. 그리고 엄마가 아기에게 말한다. "아가, 엄마가 미안해." 엄마와 함께 배를 타고 하늘을 날아가는 아기 펭귄의 뒷모습이 행복해 보인다.

이 그림책을 읽어 준 후 아이의 엄마가 눈물을 흘리는 것을 봤다. 그리고 아이를 꼭 안아 주며 말했다. "아가, 엄마가 미안해." 아이는 얼떨떨해하며 엄마를 안아줬다. 이 두 모자가 그렇게 한발 다가서는 모습을 보며 가슴 뭉클했던 기억을 떠올려 본다.

제 7 장

아이들과 소통하기 위해 부모가 알아야 하는 아이들 발달 이슈

인본주의 심리학자 매슬로우(Maslow)는 사람들은 선천적으로 기본적인 본질을 갖고 태어나며, 성장하고 발달하는 것은 기본적인 욕구를 충족하는 과정이라고 했다. 이를 매슬로우의 욕구위계설이라고 한다.

매슬로우의 기본적 욕구의 특징은 성장은 '보다 높은 수준의 심리적 욕구를 점차적으로 충족시켜가는 과정'이라는 것이다. 가장 아래 단계는 생리적인 욕구, 다음은 안전에 대한 욕구, 사랑과 소속에 대한 욕구, 자기존중에 대한 욕구, 자아실현에 대한 욕구로 단계별로 발달된다.

먹고, 입고, 자고, 생활이 안정된, 즉 기본적 욕구가 충족된 사람은 건강하고 행복하며 유능하다고 한다. 매슬로우는 이런 환경에서 자란 어린이일수록 새로운 기술, 능력, 힘의 획득을 즐기며 좋아하고, 반대로 이러한 욕구를 충족하지 못한 어린이는 정신병리학적 징후를 나타낸다는 사실을 확인했다. 어린이가 욕구를 충족하는 데에 도움이 필요한 것은 사실이지만 어른의 지나친 보호는 도움이 되지 않는다. 욕구 충족은 누가 대신 시켜 주는 것이 아니라 스스로 해결할 수 있는 능력을 외부로부터 다양한 자극을 통한 훈련이 필요하기 때문이다. 그런 의미에서 그림책은 유아의 욕구 충족을 위한 좋은 외부 자극이라고 할 수 있다. 그림책을 활용하여 욕구를 충족할 수 있는 방법을 찾는다면 아이들의 미래는 건강하고 행복한 삶이 될 것이다.

1 생리적 욕구

생리적 욕구는 인간이 살아가는 데 가장 필요한 기본적인 단계로 생존에 필요한 먹고, 자고, 배설하는 욕구다. 이 욕구가 충족되지 않으면 다음 단계의 욕구로 넘어가지 않는다. 생리적 욕구를 충족시켜 줄 수 있는 그림책을 활용하여 아이들의 욕구를 충족시키는 데 도움을 받을 수도 있다.

1) 잠잘 때 읽어주면 좋은 책

(1) 영아기

이 시기의 아이들은 부모와의 접촉과 따뜻한 관계를 통해서 기본적인 신뢰감을 형성한다. 그러므로 잠자리에서의 책 읽기는 부모의 목소리와 스킨십을 통해 영아의 심리가 안정이 된다. 유대인 교육에서 빠지지 않는 잠자리에서 책 읽기는 영아의 상상력을 발달시킬 뿐만 아니라 잠투정을 줄이고 쉽게 재울 수 있는 방법이기도 하다.

재울 시간이 되었을 때 잠자리 관련 그림책을 읽어 주면 아기들은 '이제 잘 시간이구나!' 하고 눈치챈다고 전문가들은 말한다. 아기를 재우기 위해 조용한 음악을 들려주거나 등을 토닥이며 자장가를 불러 주는 경우가 많은데 잠자리에서 책을 읽어 주는 것이 가장 좋다고 한다.

『잠 온다』

이상교 글·김효은 그림 | 웅진주니어 | 2015. 8. 21.

이 책을 추천합니다

『잠 온다』는 시인이자 동화작가인 이상교 작가가 『토닥토닥 아기 잠 동시』(2010)에 발표했던 시에 김효은 작가가 그림을 그린 시 그림책이다. 의성어와 의태어의 반복적인 운율이 책을 듣는 아기들을 책 속으로 빠져들게 한다. 부드럽고 환상적인 그림 역시 잠자리에 드는 아기의 마음을 편안하게 해 준다.

책에서는 곰, 당나귀, 고양이, 쥐 네 마리 동물들이 저마다 다니는 길로 온다. 잠도 잠 오는 길로 오고 모두 다니는 길이 있다. 잠이 오는 소리도 저마다 다 다르다. 잠이 '온다'는 말처럼 마치 잠이 어디선가 아이에게 오는 것처럼 표현한 말이 사랑스럽다. '잠 온다 잠 온다' 주문을 외우듯 아기에게 읽어 주다 보면 어느새 아이 베개까지 와서 콧등을 타고 아이 눈가로 내려앉은 잠을 느낄 수 있다.

이 책은 시라는 장르 특성에 맞게 리듬을 살려서 읽어 주면 좋다. 자장가처럼 동시의 운율을 살려 읽어 주면 아이는 어느새 스르르 잠으로 빠져든다. 또한, 조용한 음악과 함께 나지막한 목소리로 리듬감을 살려 천천히 읽는다.

조용한 마을 위로 뜬 둥근 달이 방문 앞을 비추고 있다. "우리 아기 고운 잠은 어디 어디 오나?" 아기 이불, 아기 베개, 아기 콧등을 따라 마침내 아기 눈에 잠이 다가가고 아기는 '새록새록' 잠이 든다. 그리고 아기가 잠들 즈음에 나오는 자장가는 아기 등을 토닥이며 들려준다. 책을 덮으면 "잘 자~ 내일 만나!" 하고 아기와 인사를 나눌 수 있다.

함께 보면 좋은 책

- 『잘 자요, 달님』 마거릿 와이즈 브라운 글 · 클레멘트 허드 그림 | 이연선 역 | 시공주니어 | 1999. 12. 31.
- 『달님, 안녕』 하야시 아키코 글 · 그림 | 이영준 역 | 한림출판사 | 1990. 4. 1.
- 『별이 좋아』 마거릿 와이즈 브라운 글 · 이성표 그림 | 보림 | 2005. 1. 10.
- 『오늘아, 안녕』 김유진 글 · 서현 그림 | 창비 | 2018. 1. 25.

(2) 유아기

이 시기의 아이들은 하루에 보통 10~12시간 잠을 자고 오후에 30분에서 1시간 정도 낮잠을 자는 것도 좋다. 그러나 10시간의 수면을 충족시키지 못하는 4세 유아가 36.2%, 5세 유아가 35.5%, 6세 유아가 37%로 높게 나타나고 있다. 이는 올바른 수면 습관 형성이 필요함을 알려 준다.

잘못된 수면 습관은 지적 · 사회적 · 정서적 · 신체적으로 온전한 발달의 걸림돌이 되어 전인발달에 결정적 시기인 유아기 자체의 큰 문제가 될 수 있다고 보고되고 있다.

"자면서 큰다."라는 말이 있듯이 잠은 아이의 건강은 물론 두뇌와 정서 발달, 신체 발달에 많은 영향을 미친다. 그러므로 아이가 좀처럼 잠을 자려고 하지 않으면 잠을 잘 수 있는 분위기를 만들어 준다. 억지로 재우면 아이들은 긴장한 채로 잠들게 되고 숙면을 하지 못할 수도 있다. 이럴 땐 "지금 자야 해."라고 다그치기보다 재미있는 베드타임 스토리를 들려주는 것이 좋다.

『아빠, 더 읽어 주세요』

데이비드 에즈라 스테인 글·그림 | 김세실 역 | 시공주니어 | 2017. 2. 10.

이 책을 추천합니다

『아빠, 더 읽어 주세요』는 2011년 칼데콧 아너상을 수상한 그림책으로 더 놀다 자고 싶은 꼬마 닭과 꼬마 닭을 재우고 싶은 아빠 닭의 따뜻하고 유쾌한 이야기를 담고 있다.

책을 읽어 달라고 조르는 꼬마 닭과 더 이상 끼어들지 말라고 다짐을 받는 아빠 닭의 모습을 담은 표지의 장면은 아이들이 책에 흥미를 느끼게 해 준다.

잠자리에 들 시간이 되어 아빠 닭이 꼬마 닭을 재우려 하자 꼬마 닭이 책을 읽어 달라고 한다. 아빠 닭은 꼬마 닭이 좋아하는 이야기로 딱 하나만 읽어 주는 대신 절대 끼어들지 말라고 말한다. 꼬마 닭은 가만히 듣기만 하겠다고 약속하지만 이야기가 시작되자 어김없이 이야기 속으로 끼어든다. 이야기가 진행될수록 꼬마 닭은 점점 책 속으로 빠져들고 주인공이 위험에 처할 때마다 이야기에 참견한다. 그리고 이야기의 결말을 제멋대로 행복하게 만들고 서둘러 끝을 낸다.

결국, 하품을 하는 아빠 닭이 꼬마 닭에게 이야기를 들려 달라고 하고 꼬마 닭은 '아빠 재우기'라는 멋진 이야기를 지어서 아빠에게 읽어 준다. 아빠는 이야기를 들으며 쿨쿨, 드르렁 잠이 든다. 꼬마 닭은 아빠에게 인사하고 잠자는 아빠 옆에 살며시 누워 함께 잠이 든다. 아빠 닭과 꼬마 닭이 얼굴을 맞대고 잠든 모습이 정말 행복해 보인다.

아빠가 이야기를 읽어 주는 부분에서는 정말 아빠가 아이에게 책을 읽어 주는 듯이 음색을 바꿔서 읽어주면 좋다. 말풍선 안에 있는 아이가 끼어드는 부분은 아이 목소리로 읽어 주면 좋다. 글자만 읽어 주는 게 아니라 그림도 함께 읽어 준다면 아이들은 금방 책 속으로 빠져들 것이다.

이 책에서 아빠 닭이 읽어 주는 이야기는 '헨젤과 그레텔', '빨간 모자', '어리석은 꼬마 닭' 등 우리 아이들도 잘 알고 있는 이야기다. 이 책을 함께 아이에게 읽어 줘도 좋을 것 같다.

함께 보면 좋은 책

- 『한 밤 중에』 히도 반 헤네흐텐 글 · 그림 | 이현정 역 | 재능교육 | 2014. 2. 3.
- 『고마워요 잘 자요』 패트릭 맥도넬 글 · 그림 | 김은영 역 | 다산기획 | 2016. 4. 30.
- 『내가 좋아하는 것』 앤서니 브라운 글 · 그림 | 공경희 역 | 웅진주니어 | 2017. 7. 18.
- 『발가락』 이보나 흐미엘레프스카 글 · 그림 | 이지원 역 | 논장 | 2017. 7. 28.
- 『난 하나도 안 졸려, 잠자기 싫어』 로렌 차일드 글 · 그림 | 조은수 역 | 국민서관 | 2002. 6. 22.

2) 밥 먹기 싫어할 때 도움을 줄 수 있는 책

『줄리어스, 어디 있니?』

존 버닝햄 글·그림 | 김정희 역 | 현북스 | 2013. 12. 15.

이 책을 추천합니다

『줄리어스, 어디 있니?』는 존 버닝햄의 상상과 풍부한 언어력이 돋보이는 그림책이다.

표지 그림은 본문에 나오지 않는 그림이다. 그래서 책을 다 읽은 후 아이들과 다시 표지를 보면 좋다. 책 속의 줄리어스가 상상하는 부분을 아이들이 함께 이야기하고 표지의 그림을 이야기한다면 아이들은 더 풍부한 이야기를 할 것이다.

첫날 아침 줄리어스는 부모님과 함께 식사를 하고 있다. 점심시간에는 자기 방에서 작은 집을 만들고 있다. 그래서 함께 식사를 못 한다고 한다. 그러자 아빠는 쟁반에 식사를 담아 줄리어스가 있는 곳에 가져다준다. 이때 아빠를 따라가는 고양이 한 마리를 잘 살펴보자. 다음 장에는 줄리어스가 자기 방에서 작은 집을 만드는 장면을 두 페이지 가득 찬 그림으로 표현하였다. 글은 없고 그림으로만 아이들에게 줄리어스의 상상을 표현하고 있다. 아빠를 따라갔던 고양이가 줄리어스의 눈치를 살피며 정어리를 몰래 먹고 있다. 이 책은 음식을 만드는 장면과 줄리어스의 상상의 세계를 교차하면서 이야기를 끌고 가고 있다. 부모님이 줄리어스에게 음식을 가져다줄 때 매번 따라가는 동물들이 있다. 이 동물들을 잘 살펴보면 줄리어스의 음식에서 동물이 좋아하는 것을 하나씩 슬쩍하는 장면이 책 읽는 즐거움을 준다.

줄리어스의 상상은 시간이 지날수록 대담해진다. 점심엔 자기 방에서 집을 짓느라고, 저녁은 지구 반대편으로 가는 구멍을 파느라 함께 식사를 할 수 없다고 한다. 다음 날에는 나일강 근처에서 네파투티움 왕의 무덤 꼭대기에 오르느라 아침을 함께 못 먹는다. 점심에는 중앙아프리카 롬보봄보 강에서 하마 진흙물 목욕을 시켜 주느라 함께 점심을 못 먹고 셋째 날 아침에는 티베트 근처 창가베낭 산 꼭대기에서 해 뜨는 모습을 바라보느라 아침을 먹을 수 없다. 점심은 남아메리카 페루의 치코니코 강에서 급류를 타느라 점심을 못 먹는다고 한다. 그리고 사흘째 되는 저녁이 되어서야 줄리어스는 가족과 함께 맛난 저녁을 먹는다.

줄리어스의 상상 속 모험 장소로 지구의 이곳저곳 다양한 곳이 나온다. 그리고 그곳에서 재미있는 일을 하고 있는 줄리어스는 가족과 함께 식사를 할 수 없을 정도로 바쁘다. 그러나 이 책에 나오는 장소는 실제로 있는 지명은 아니다. 존 버닝햄이 만들어 낸 상상의 장소다.

『줄리어스, 어디 있니?』는 아이들이 차분하게 그림에 집중할 수 있도록 읽어 주는 것이 좋다. 글자에 매달리다 보면 그림을 놓치기 쉽다. 특히, 아이들에게 그림책을 읽어 줄 경우 글자 없이 그림만 나오는 장면에서는 아이가 충분히 눈으로 그림을 읽을 수 있는 시간을 주는 게 필요하다.

첫째 날 아침과 셋째 날 저녁의 그림은 똑같은 장면이다. 여기서 판타지의 묘미를 느낄 수 있다. 아이들은 신나게 모험을 했지만 정작 책에서는 첫째 날 아침 시간에 일어난 일임을 말해 주고 있다. 그리고 책을 덮고 표지를 보면 아이들은 책 표지의 장면을 본인 나름대로 모험 이야기를 만든다.

『줄리어스, 어디 있니?』는 식사 시간에 제때 오지 않는 아이를 향해 불평하거나 꾸중하는 부모님의 모습을 볼 수 없다. 부모님은 한결같은 모습으로 상상의 모험을 떠난 아이를 위해 식사를 직접 가져다준다. 식사 시간에는 반드시 식탁에 앉아야 한다는 식사 예절을 떠나 먹는 것보다 훨씬 더 중요한 일들을 하고 있는 아이의 세계를 존중해 주면서 기다려 줄 수 있는 부모의 모습을 보여 준다.

3) 배변 훈련에 좋은 책

『팬티를 입었어요』

히로카와 사에코 글·그림 | 이기웅 역 | 길벗어린이 | 2014. 8. 30.

이 책을 추천합니다

어느 날, 포동이 엄마가 팬티를 사 왔다. 포동이는 보들보들 보송보송 부드럽고 가벼운 팬티를 입는다. 포동이가 멋진 팬티를 입고 멋지게 걷는데, 쉬가 주르륵! 팬티가 젖는다. 그러나 괜찮다. 새 팬티가 있으니까. 엄마는 방긋 웃으며 새 팬티를 꺼내서 포동이에게 입힌다. 포동이는 씩씩하게 놀다가 때를 놓쳐서 팬티에 쉬를 하고, 팬티를 내리는 도중에 쉬를 하기도 한다. 또 힘차게 달려가 변기에 앉아 쉬를 하고 "성공!"이라고 외치지만, 팬티를 내리는 걸 잊어버리고 팬티에 쉬를 한다. 그럴 때마다 엄마는 방긋 웃으며 새 팬티를 꺼낸다. 그렇다고 계속 새 팬티를 줄 수는 없다. 새 팬티가 떨어지자 엄마는 깨끗이 빨아 두었던 팬티를 준다.

이야기가 끝난 마지막 장에는 멋진 팬티들이 있다. 그리고 독자에게 "어떤 팬티가 좋아?"라고 물어본다.

포동이가 하는 행동들은 아이들이 배변 훈련을 할 때 많이 하는 실수다. 아이들은 이 책을 읽으면서 자기만 하는 실수가 아니라 포동이도 하는 실수라는 사실에 배변에 대한 강박을 없앨 수 있으며, 포동이의 실수에 위로를 받는다. 특히, 마지막까지 포동이가 성공을 하지 못하는 것은 아이들을 위로하 준다. 『팬티를 입었어요』는 엄마와 아기를 위한 배변 훈련으로 좋은 그림책이다.

포동이가 팬티에 쉬를 주르륵! 하면 엄마는 야단을 치는 게 아니라 웃으면서 "괜찮아, 새 팬티가 있잖아."라고 반복하는 말을 읽을 때는 부드럽고 다정한 목소리로 읽는다. 이제부터 아기가 팬티에 쉬를 했을 때, 방긋 웃으며 "괜찮아. 새 팬티가 또 있으니까."라고 아기에게 말해 보자.

함께 보면 좋은 책

- 『누구나 눈다』 고미 타로 글 · 그림 | 이영준 역 | 한림출판사 | 2000. 12. 1.
- 『나온다 나온다 나온다 뿌웅』 천미진 글 · 서유노 그림 | 키즈엠 | 2013. 6. 14.
- 『방귀 뽕 뿌직 똥』 길도형 글 · 임미란 그림 | 장수하늘소 | 2012. 12. 27.
- 『응가하자, 끙끙』 최민오 글 · 그림 | 보림 | 2001. 1. 31.
- 『내 쉬통 어딨어?』 크리스틴 슈나이더 글 · 에르베 삐넬 그림 | 허보미 역 | 그린북 | 2002. 5. 10.

2 안전의 욕구

생리적인 욕구가 충족됐을 때 인간은 자기 자신을 안전하게 하고자 하는 욕구가 생기게 된다. 안전의 욕구는 신체적 안전뿐만 아니라 물질적 · 정서적 안전을 모두 포함한다.

안전의 욕구는 엄마, 아빠의 품 안에서 점차 일상적인 생활 안전과 가족 등으로 확대되고 평온한 안락을 제공하는 모든 것으로 확대되는데 공포와 근심과 혼란으로부터 자유롭고 안전과 안정, 의존에 대한 욕구를 포함한다. 또한, 정서적인 안정감은 유아가 자신에 대한 긍정적인 감정을 갖게 되고 타인과 올바른 관계를 맺게 하는 데 필수적이다. 요즘 들어 안전에 대한 관심이 더 많이 높아지고 있다. 안전은 선택이 아니라 필수다.

어린이 안전에 대한 그림책은 교통안전, 재해 안전, 놀이터 안전, 물놀이 안전, 유괴에 대한 안전, 성폭력, 아동학대 등 다양하게 출판되고 있다.

1) 신체적 안전에 대한 책

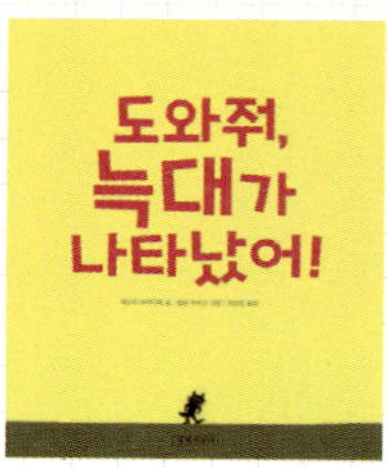

『도와줘, 늑대가 나타났어!』

세드릭 라마디에 글·뱅상 부르고 그림 | 조연진 역 | 길벗어린이 | 2015. 12. 15.

이 책을 추천합니다

『도와줘, 늑대가 나타났어!』는 책을 기울이고 마구 흔들고 뒤집으면서 아이와 함께 즐거운 놀이를 하며 읽을 수 있는 놀이 그림책이다.

표지에서부터 놀이가 시작된다. "도와줘, 늑대가 나타났어!"라는 외침이 들리고 저 멀리 조그맣게 늑대가 보인다. 표지를 보면서 아이와 함께 "도와줘, 늑대가 나타났어!"라고 크게 외쳐 본다. 그리고 저 멀리 조그맣게 보이는 늑대를 피해 얼른 책장을 넘겨준다.

"늑대가 와.", "빨리 책장을 넘겨서 달아나자." 여기서부터 긴장감이 흐른다. 그런데 책장을 넘길수록 시커먼 늑대가 커다란 눈을 부릅뜬 채, 뾰족뾰족한 이빨을 드러내고 가까이 다가온다. 그리고 점점 커지는 늑대 때문에 마음이 조마조마해진다. 무서운 늑대를 물리칠 기발한 생각이 났다. 책을 오른쪽으로 기울여서 낭떠러지에 떨어뜨리라고 한다. 늑대도 기우뚱! 책을 더 기울여서 늑대를 낭떠러지로 떨어뜨린다.

책을 읽어 줄 때는 긴장감을 주어 빠른 속도로 읽어 주고 아이와 함께 오른쪽으로 책을 기울이면서 아이가 책장을 넘길 수 있도록 한다. 책장을 넘기자 낭떠러지로 떨어진 줄 알았던 늑대가 나뭇가지에 대롱대롱 매달려 있다. 늑대가 코앞에 있다. "살려 줘! 어서 책을 덮어."라고 소리치면 아이는 얼른 책을 덮어버린다. 책에서 말하는 대로 아이들과 놀이를 하면서 책을 읽다 보면 어느새 책을 덮고 "휴우, 늑대가 사라졌어!" 하고 안심하게 된다. 그리고 뒤표지의 "처음부터 다시 할까?"라는 질문에 아이는 "다시, 다시!"라고 외칠 것이다.

이처럼 책장을 넘기면서 아이와 함께 놀이를 할 수 있는 『도와줘, 늑대가 나타났어!』는 아이가 두려움을 떨치고 긴장감을 즐길 수 있는 그림책이다.

그 외 신체적 안전에 대한 그림책

① 보행 안전에 관한 그림책
- 『동수야 어디 가니?』 오시은 글 · 김효은 그림 | 문학동네어린이 | 2010. 12. 20.

② 유괴에 대한 그림책
- 『쳇! 어떻게 알았지?』 심미아 글 · 그림 | 느림보 | 2010. 10. 28.

③ 길을 잃어 버렸을 때
- 『빨간 목도리』 김영미 글 · 윤지회 그림 | 시공주니어 | 2012. 8. 20.

④ 성폭력 예방
- 『다정한 손길』 샌디 클레븐 글 · 조디 버그스마 그림 | 이승숙 역 | 내인생의책 | 2006. 1. 16.
- 『소중한 내 몸을 위해 꼭꼭 약속해』 박은경 글 · 김진화 그림 | 책읽는곰 | 2009. 1. 20.

2) 정서적 안전에 대한 책

애착이 생겨나면서 애착의 대상인 엄마와 헤어지는 것에 대한 두려움, 즉 분리불안이 출현한다. 불리불안은 정서적 안전을 위협한다. 보통 분리불안은 8~12개월 무렵부터 나타나서 15개월 무렵 가장 심하다가 만 3세 이후에는 사라진다. 엄마가 존재하고 있다는 아이들의 믿음을 위협하는 환경은 아이들의 분리불안을 증가시킨다. 엄마에게 안정되게 애착될수록 분리불안이 적게 나타나는 이유는, 스스로의 경험에 비추어 엄마가 곧 돌아올 것으로 쉽게 믿기 때문이다.

주 양육자로부터 분리되는 것에 대한 불안은 정상적인 아동발달 과정의 일부다. 그러나 36개월 이후에도 분리에 대한 불안이 계속되면서 언제 어디서든 엄마의 뒤를 따라다니며 매달리거나, 엄마와 떨어지기 싫어서 어린이집에 가거나 친구들과 어울려 노는 것에 어려움이 생길 때 분리불안장애를 의심해 볼 수 있다. 분리불안장애는 모든 아동 중 6~12%가 발생하는 아동기의 가장 일반적인 불안장애다. 이럴 때 그림책 읽기를 통해서 분리되는 것에 대한 불안을 없애 주는 것도 좋은 방법이다.

(1) 애착 형성에 좋은 그림책

『안아 줘!』

제즈 앨버로우 글·그림 | 웅진닷컴 | 2000. 9. 25.

이 책을 추천합니다

『안아 줘!』는 아이들의 심리적인 안정을 찾아 주고 애착 형성에 도움이 되는 그림책으로 "안았네", "안아 줘!" 등의 짧은 대사가 반복적으르 나온다. 그러나 말이 포함하고 있는 내용과 감정은 페이지마다 다르게 느껴진다. 엄마와 떨어져서 엄마를 찾는 과정에서 아기 침팬지 보보의 불안함 심리를 그림에서 볼 수 있다.

즐겁고 행복한 표정의 아기 침팬지가 폴짝폴짝 뛰어서 숲으로 들어간다. 숲에서 엄마 코끼리와 아기 코끼리가 서로 사랑스럽게 안고 있는 모습을 본 아기 침팬지는 환한 미소로 "안았네."하고 말한다. 계속 길을 가던 아기 침팬지는 카멜레온, 뱀들이 껴안은 모습을 보고 또 "안았네."라고 말한다.

하지만 아기 침팬지는 점점 시무룩해지고 엄마와 아기가 안고 있는 모습이 부럽기만 하다. 그 후로도 계속해서 기린, 하마 등 다른 동물들이 안고 있는 모습을 보게 되는 아기 침팬지는 점점 슬프다. 엄마와 아기가 안고 있는 모습에 엄마가 보고 싶어진 걸까? 아기 침팬지는 큰 소리로 "안아 줘."라고 말하지만 아무도 안아 주지 않는다. 급기야 울음까지 보이는 아기 침팬지. 아기 침팬지 주변으로 동물들이 모여들고 나무 위에서 "보보야." 하고 아기 침팬지를 부르는 엄마의 목소리가 들리자 아기 침팬지는 "엄마아-"를 부르며 한걸음에 달려가고 동물 친구들은 모두 "안아 줘."를 외친다. 유아기 때 부모의 따스한 포옹은 아이의 심리적 안정에 더없이 중요하다. 그래서 '안아 줘!'라는 말은 아이들의 심리와 정서를 대변하는 말인 듯하다.

이야기가 진행될수록 아기 침팬지의 모습에서 아기 침팬지의 심리 변화를 금방 눈치챌 수 있다. 그러다 엄마 침팬지를 만나고 동물 친구들이 모두 안고 있는 장면에서는 가슴이 따뜻해진다. 마지막 장면의 엄마 침팬지와 아기 침팬지 보보가 손을 잡고 다정하게 걸어가는 장면에서는 슬펐던 감정은 어느새 사라지고 행복이 느껴진다.

함께 보면 좋은 책

- 『엄마랑 뽀뽀』 김동수 글 · 그림 | 보림 | 2008. 3. 20.
- 『간질간질』 최재숙 글 · 한병호 그림 | 보림 | 2014. 3. 17.
- 『엄마랑 배 뽀뽀 통통』 호박별 글 · 나애경 그림 | 시공주니어 | 2010. 9. 1.
- 『어디 있니? 까꿍』 구전 놀이노래 글 · 정순희 그림 | 다섯수레 | 2009. 5. 15.
- 『열두 띠 까꿍놀이』 최숙희 글 · 그림 | 보림 | 1998. 5. 5.
- 『오리처럼 뒤뚱뒤뚱』 엄혜숙 글 · 정순희 그림 | 다섯수레 | 2009. 5. 15.
- 『뒹굴뒹굴 짝짝』 백연희 글 · 주경호 그림 | 길벗어린이 | 2010. 11. 10.
- 『구두구두 걸어라』 하야시 아키코 글 · 그림 | 이영준 역 | 한림출판사 | 1990. 4. 1.
- 『또 누구게?』 최정선 글 · 이혜리 그림 | 보림 | 2017. 9. 20.
- 『쪽』 정호선 글 · 그림 | 창비 | 2010. 7. 16.

(2) 분리불안이 있을 때

- 『엄마, 어디 있어요?』 허은순 글 · 박정완 그림 | 은나팔 | 2012. 8. 10.
- 『우리는 언제나 다시 만나』 윤여림 글 · 안녕달 그림 | 위즈덤하우스 | 2017. 7. 20.
- 『엄마가 달려 갈게!』 김영진 글 · 그림 | 길벗어린이 | 2017. 9. 22.
- 『엄마, 가지 마』 마이클 달 글 · 오리올 비달 그림 | 최용은 역 | 키즈엠 | 2016. 3. 17.
- 『회사 괴물』 조미영 글 · 조현숙 그림 | 주니어김영사 | 2013. 12. 18.
- 『엄마 언제 와?』 김수정 글 · 지현경 그림 | 봄볕 | 2013. 6. 21.
- 『회사 가지 마!』 정수은 글 · 김혜영 그림 | 초록우체통 | 2011. 2. 1.

3 사랑과 소속의 욕구

생리적 욕구와 안전의 욕구가 충족되면 유아는 어떤 집단에 소속되기를 희망하며, 집단 속에 포함되어 다른 사람에게 사랑받고 사랑하고 싶은 욕구가 생기게 되된다. 가족, 공동체, 친지, 동년배, 친구 집단 등에 대한 소속감, 사랑, 애착이 이 욕구에 속한다.

그림책에서는 가족 간의 사랑, 친구 간의 우정 등 폭넓은 내용을 다루고 있으므로 유아는 그림책을 통해 성장한다. '우리 엄마', '우리 동생' 등의 가족 속에서 자기 자신을 인식하는 것으로 시작하여 점차 '우리 반', '우리 선생님' 등으로 소속의 범위가 확대되어 가면서 한 집단의 구성원으로서 소속감을 형성하게 된다.

1) 가족 간의 사랑을 확인하고 싶어 하는 아이에게

『엄마는 언제 날 사랑해?』

아스트리드 데보르드 글·폴린느 마르탱 그림 | 박선주 역 | 토토북 | 2016. 3. 25.

이 책을 추천합니다

아이들은 종종 부모에게 자신이 사랑받고 있는지 확인하고 싶어 한다. 『엄마는 언제 날 사랑해?』는 아이가 어떤 행동을 해도 엄마는 조건 없이 사랑한다고 말하는 그림책이다.

잠자리에 들기 전 아이는 “엄마는 언제 날 사랑해?”라고 묻는다. 엄마는 어떤 경우에도 “널 사랑해.”라고 비밀을 알려 준다. 엄마와 눈을 맞출 때도, 꽃병을 깨고 뒤돌아서 있을 때도 사랑한다고 말이다. 꽃병을 깨고 뒤돌아서 있는 아이는 걱정이 가득한 얼굴이다. 아, 꽃병을 깨트려서 엄마에게 혼날 것 같아 걱정인가 보다. 그림은 걱정스러운 아이의 모습과 화난 듯한 엄마의 얼굴을 담고 있지만, 글은 그래도 엄마는 널 사랑한다고 표현하고 있다. 세상에서 가장 잘나 보일 때도, 못나 보일 때도 언제나 사랑한다는 엄마의 말을 통해 언제나, 영원히 아이를 사랑하는 엄마의 마음을 전해 주고 있다.

엄마를 행복하게 할 때와 속상하게 할 때를 교차로 보여 주면서 “엄마는 엄마 아들이라서, 세상에 오직 하나뿐인 너라서 널 사랑해. 이게 바로 엄마의 비밀이란다. 엄마는 언제나 널 사랑해.”라고 말하고 있다.

'내가 장난꾸러기라서 엄마가 날 미워하지 않을까?', '내가 엄마를 화나게 해서 엄마가 날 싫어하지 않을까?'라고 생각할 수 있는 아이들에게 엄마는 언제나 너를 사랑한다는 마음을 전하고 아이들의 정서에 안정을 주며, 무조건적인 사랑을 받고 싶어 하는 아이들에게 위안이 되는 그림책이다.

잠자리에 들기 전 아이에게 전하는 사랑의 메시지인 『엄마는 언제 날 사랑해?』는 엄마가 아이에게 들려주는 이야기로 부드럽고 다정한 목소리로 읽어주면 좋다. 글을 읽는다는 느낌보다 아이에게 말하듯이 이야기해 주면 아이는 엄마의 사랑을 충분히 받고 있다고 생각할 것이다.

『엄마는 언제 날 사랑해?』는 글을 먼저 읽고 아이들과 함께 그림을 보면서 이야기 나누기를 한다. 특히, 오른쪽 페이지의 엄마를 속상하게 할 때의 모습에 아이들의 반응은 더 흥미롭다. 그래도 엄마는 너를 사랑한다는 엄마의 말에 아이들은 세상에서 가장 행복한 아이가 될 것이다. 이렇듯 엄마의 사랑은 조건이 없다.

함께 보면 좋은 책

- 『아빠는 언제나 널 사랑해』 아스트리드 데보르드 글 · 폴린 다르탱 그림 | 이재현 역 | 토토북 | 2017. 5. 15.
- 『그래도 엄마는 너를 사랑한단다』 이언 포크너 글 · 그림 | 서애경 역 | 중앙출판사 | 2001. 4. 10.
- 『내가 아빠를 얼마나 사랑하는지 아세요?』 샘 맥브래트니 글 · 그림 | 김서정 역 | 한국프뢰벨 | 1997. 1. 5.

2) 친구 관계

『지붕 위 루시』

김지연 글·그림 | 북극곰 | 2016. 11. 10.

이 책을 추천합니다

『지붕 위 루시』는 네이버 그라폴리오와 와우책예술센터가 공동 주최한 2016 창작 그림책 챌린지 당선작으로 멋진 풍경을 볼 수 있는 지붕을 사이에 두고 고양이 루시와 친구들이 벌이는 신경전을 유머와 재치로 풀어낸 그림책이다. 본문 뒤에는 줄거리를 간략히 보여 주는 섬네일 이미지가 영문 번역과 함께 실려 있어 전 세계 독자들도 책의 내용을 공유할 수 있도록 기획한 책이기도 하다.

고양이 루시는 어쩌다가 지붕 위의 좋은 자리를 차지하게 된다. 친구들은 루시의 지붕을 부러워하지만 루시는 "이 지붕은 내 거야!"라고 말하며 친구들을 못 올라오게 한다. 친구들은 루시가 지붕을 내어 줄 때를 기다리다가 공놀이를 한다. 루시도 친구들과 공놀이를 하고 싶지만 "나는 공 안 좋아해!" 하고 지붕을 지킨다. 친구들이 밥을 먹을 때도 "난 배 하나도 안 고파."라고 말한다. 하지만 배에선 꼬르륵 소리가 난다. 친구들이 낮잠을 잘 때도 루시는 졸음을 참으면서 도도하게 지붕 위를 지킨다. 지붕 위에서 보는 멋진 풍경을 혼자만 느끼고 싶은 루시. 갑자기 비가 오자 친구들도 모두 집으로 돌아가고 비를 맞은 루시는 고민이 많아진다. 루시도 결국 집으로 돌아간다. 쨍쨍 맑아진 다음 날, 고양이들이 하나둘 모이고 오늘은 누가 먼저 지붕 위에 올라갈까?

혼자만 멋진 풍경을 보고 싶은 욕심쟁이 루시의 감정선을 잘 따라가면서 책을 읽어 준다. 지붕 위를 차지하고 싶은 루시의 마음과 친구들과 놀고 싶은 루시의 마음이 공존하는 부분에서는 아이들과 함께 이야기를 나누어도 좋다. "난, 공 안 좋아해, 난 배 하나도 안 고파."라고 말하는 루시의 속마음은 친구들과 공놀이를 하고 싶고, 배에선 꼬르륵 소리가 난다. 이때 "너라면 어떻게 하겠니?"라고 물어보면 아이는 잠깐 루시에게 감정을 이입하고 자기 이야기를 한다.

루시와 친구들의 일상을 글보다는 그림을 통해 이야기하고 있는 『지붕 위 루시』는 아이들과 그림에서 더 많은 이야기를 나눌 수 있다. 르시의 표정과 친구들의 행동을 잘 읽으면서 아이들과 대화를 하면 혼자 있는 것보다 친구와 함께 노는 게 더 즐겁고 행복하다는 것을 알게 된다.

책을 펼치면 첫 장과 마지막 장에 여러 마리의 고양이가 다양하게 그려져 있어 눈길을 끈다. 많은 고양이들 중 주인공 루시의 모습을 찾아보는 것도 또 하나의 재미가 될 수 있을 것이다.

함께 보면 좋은 책

- 『너랑 놀고 싶어』 박현숙 글 · 김이주 그림 | 꿈터 | 2017. 9. 22.
- 『큰 늑대 작은 늑대』 올리비에 탈레크 글 · 그림 | 이주희 역 | 시공주니어 | 2008. 1. 20.
- 『알사탕』 백희나 글 · 그림 | 책 읽는 곰 | 2017. 3. 25.
- 『우리 친구 할래?』 버나뎃 와츠 글 · 그림 | 김서정 역 | 봄볕 | 2017. 6. 1.
- 『나랑 같이 놀자』 마리 홀 에츠 글 · 그림 | 양은영 역 | 시공주니어 | 2017. 2. 24.
- 『외톨이 사자는 친구가 없대요』 나가노 히로카즈 글 · 그림 | 이영준 역 | 한림출판사 | 1990. 10. 15.
- 『우린 친구니까』 히도 반 헤네흐텐 글 · 그림 | 윤주희 역 | 키득키득 | 2008. 12. 29.
- 『친구가 있어, 앞으로 앞으로!』 레인 스미스 글 · 그림 | 김경연 역 | 문학동네 | 2017. 1. 2.
- 『친구가 올까?』 우치다 린타로 글 · 후리야 나나 그림 | 길지연 역 | 주니어랜덤 | 2001. 9. 26.

4 자기존중의 욕구

1) 힘, 성취감, 세상을 향한 자신감에 대한 욕구

자기존중의 욕구란 다른 사람으로부터 존중받고 스스로를 존중하려고 하는 욕구를 말한다. 자기존중의 욕구는 두 가지로 나누어진다. 먼저 힘, 성취감, 세상을 향한 자신감에 자유와 독립에 대한 욕망이다. 자유와 독립에 대한 욕망은 보편적이지는 않지만 진정한 자유를 희망하는 욕망이다. 명예나 위신, 인정, 관심, 위엄, 덕망을 향한 욕망이다.

이러한 욕구가 충족되었을 때 유아는 올바른 자아 개념을 획득하게 되어 자존감 및 자신감, 성취감을 갖게 된다. 그러나 자기존중의 욕구가 좌절되면 열등감, 무력함, 나약함을 느낀다.

『프레드릭』

레오 리오니 글·그림 | 최순희 역 | 시공주니어 | 1999. 11. 25.

이 책을 추천합니다

『프레드릭』은 칼데콧상을 네 번이나 수상한 레오 리오니의 작품으로 1999년 국내에 번역되어 출판된 지 20년 동안 꾸준히 사랑받아 온 그림책이다.

긴 겨울을 나기 위해 먹을 것을 준비하는 들쥐들 사이에서 바위 위에 덩그러니 앉아 생각에 잠긴 들쥐 한 마리. 그 들쥐의 이름은 프레드릭이다. 열심히 먹이를 모으는 들쥐 친구들은 아무것도 하지 않고 가만히 앉아 있는 프레드릭에게 "프레드릭, 넌 왜 일을 안 하니?"라고 묻는다. 그러자 프레드릭은 친구들에게 "나도 일하고 있어. 햇살을 모으는 중이야.", "색깔을 모으고 있어.", "이야기를 모으고 있어."라고 대답한다. 친구들은 그런 프레드릭에게 아무 말도 하지 않는다. 여기까지는 이솝우화의 '개미와 베짱이'를 연상케 하지만 '개미와 베짱이'와는 전혀 다른 이야기다. 저마다의 재능을 인정하고 그 능력으로 다른 사람들을 즐겁게 해 준다면 그것은 얼마나 이상적인 삶이 될까? 프레드릭은 그런 주인공이다.

겨울이 되어 양식이 다 떨어지자 친구들은 프레드릭이 그동안 모았던 색깔과 빛, 이야기를 꺼내 놓으라고 한다. 프레드릭이 멋진 이야기를 들려주자 친구들은 프레드릭에게 "프레드릭, 넌 시인 같아."라고 칭찬한다. 친구들의 칭찬에 프레드릭은 "나도 알아."라고 대답한다. 친구들의 칭찬에 자신을 자랑스럽게 생각한 것은 아니라는 것을 보여 주는 한 마디다. 프레드릭은 이미 자신에 대한 자존감이 넘치는 들쥐였음을 보여 준다. 남들이 '그냥 노는구나.'라고 생각했을지는 모르지만 자신은 '자신이 잘하는 것'에 열중했고 즐거워했다. 이처럼 이 책은 누구의 칭찬 때문에, 누구의 인정 때문에 자신감이 생기는 것이 아니라 스스로 자신을 인정하고 사랑할 때 자존감이 높아짐을 보여 준다.

함께 보면 좋은 책

- 『괜찮아』 최숙희 글 · 그림 | 웅진주니어 | 2005. 10. 25.
- 『강아지 똥』 권정생 글 · 정승각 그림 | 길벗어린이 | 1996. 4. 1.
- 『치킨 마스크』 우쓰기 미호 글 · 그림 | 장지현 역 | 책읽는곰 | 2008. 3. 3.
- 『줄무늬가 생겼어요』 데이빗 섀논 글 · 그림 | 조세현 옮김 | 비룡소 | 2006. 11. 3.
- 『나는 내가 좋아요』 윤여림 글 · 배현주 그림 | 웅진주니어 | 2011. 3. 17.
- 『나 하나로는 부족해』 피터 레이놀즈 글 · 그림 | 조세현 역 | 비룡소 | 2007. 11. 23.

5 자아실현의 욕구

1) 세상을 아름답게 하는 일

앞서 말한 욕구를 다 충족했더라도 개인에게 맞는 일을 하지 않고 있다면 사람들은 불안해한다. 사람들은 개인의 재능과 흥미에 맞는 일을 할 때 행복하다. 매슬로우는 이것을 자아실현의 욕구라고 한다. 자기 재능에 잘 맞는 일을 이루어 내려는 욕망으로 타인을 의식하지 않고 자기완성을 추구하려는 욕구, 즉 잠재적인 자신의 모습을 실현하려는 욕구다. 자아실현의 욕구가 확실히 나타나려면 생리적인 욕구부터 자기존중의 욕구까지 다 충족되어야 한다.

자기를 지키려는 안전의 욕구가 충족이 안 되면 성취감이나 자신감을 갖고자 하는 욕망도 생기지 않는다. 누구에게 위협을 당하거나 따돌림을 받는 아이는 자신을 지키기 위한 불안감이 더 커서 자존감은 생각도 못 할 것이다. 외부의 위협으로부터 자신의 안전을 지킬 수 없는 아이에게 자아실현을 하기 위해서 지금 열심히 공부해야 한다고 하면 아이를 설득할 수 있을까?

그래서 생리적인 욕구부터 자기존중의 욕구까지는 결손의 욕구라고 하며, 자아실현의 욕구를 성장의 욕구라고 한다. 생리적인 욕구에서 자아 존중의 욕구까지는 충족되지 않으면 결손이 생긴다는 것이다. 결손은 아이가 건강하게 자라는 것을 방해한다. 결손이 있다고 모두가 다 건강한 삶을 살 수 없다는 것은 아니다. 상황과 아이의 기질에 따라 다르게 나타나지만 보편적으로 결손은 문제를 만드는 근본 원인이 된다는 것이다. 그림책은 아이들의 결손을 간접적으로 경험하게 해서 결손을 채워 주는 역할을 한다. 그리고 자아실현의 욕구는 사람이 살아가면서 꿈을 찾고 자기의 재능을 발견하여 성장하고 보다 더 행복하고 만족스러운 삶을 살아가기를 희망하는 욕구다.

『미스 럼피우스』

바버러 쿠니 글·그림 | 우미경 역 | 시공주니어 | 1996. 10. 10.

이 책을 추천합니다

『미스 럼피우스』는 바버러 쿠니가 그림을 그리고 글을 쓴 작품이다.

바닷가 한 마을에 앨리스라는 소녀가 살고 있다. 앨리스는 럼피우스의 어린 시절 이름이다. 앨리스는 배를 수선하는 할아버지로부터 바다와 먼 나라 이야기를 듣고 자란다. 할아버지가 이야기를 해 주실 때면 항상 “나도 어른이 되면 먼 나라 여행을 할 거예요. 그리고 바닷가 집에서 살 거예요.”라그 말하곤 한다. 그러면 할아버지는 “그래, 좋은 생각이구나. 그런데 네가 해야 할 일이 한 가지 더 있구나.

세상을 아름답게 만드는 일이지."라고 말하셨다. '세상을 아름답게 만드는 일'이 어떤 일인지는 잘 모르지만 할아버지로부터 그 말을 듣고 자란 럼피우스는 어른이 되어 사서로 근무를 하던 어느 날 식물원에 갔다가 잊고 있었던 어린 시절 꿈이 살아난다. 럼피우스는 직장을 그만두고 먼 나라 여행을 하고 노인이 되어 바닷가 조그마한 마을에서 살아간다. 병든 노인이 된 럼피우스는 매일이 무의미한 삶이다. 일어날 기력조차 없이 쇠약해진 럼피우스의 눈에 창가의 예쁜 꽃 한 송이가 들어온다. 럼피우스가 병석에서 일어나 꽃씨 가게에서 꽃씨를 주문하고 이른 봄부터 온 마을에 꽃씨를 뿌리며 다니자 마을 사람들은 병든 노인이 드디어 노망이 났다고 수군거린다. 그러나 시간이 지나고 마을은 아름다운 루핀꽃으로 가득하다. 온 마을에 핀 루핀꽃은 조용하던 바닷가 작은 마을을 사람들이 북적이는 행복한 마을로 만든다. 이때부터 미스 럼피우스는 마을에서 루핀 부인이라고 이름이 불리고 루핀 부인은 어린 시절 할아버지에게서 들었던 것처럼 마을의 아이들에게 이야기를 들려준다. 그러면 아이들은 "어른이 되면 먼 나라 여행을 할 거예요. 그리고 바닷가에 살 거예요."라고 이야기하면 "그래, 좋구나. 그런데 한 가지 해야 할 일이 더 있구나. 세상을 아름답게 만드는 일이지."라고 대답한다.

루핀 할머니가 이룬 세상을 아름답게 하는 일이 꽃씨를 뿌려서 마을을 아름답게 가꾼 일일 수도 있고, 아이들에게 이야기를 들려주고 그 아이들의 미래에 꿈을 심어 주는 일일 수도 있지만, '세상을 아름답게 만드는 일' 이것이 자아실현의 길이 아닐까 생각한다.

함께 보면 좋은 책

- 『작은 눈덩이의 꿈』 이재경 글 · 그림 | 시공주니어 | 2016. 12. 20.
- 『너에게만 알려 줄게』 피터 레이놀즈 글 · 그림 | 서정민 역 | 문학동네 | 2017. 8. 21.
- 『리디아의 정원』 사라 스튜어트 글 · 데이비드 스몰 그림 | 서정민 역 | 시공주니어 | 1998. 4. 21.
- 『꼬마 다람쥐 얼』 돈 프리먼 글 · 그림 | 햇살과 나무꾼 역 | 논장 | 2010. 11. 18.

제 3 부

이야기코딩 연습

제 8 장

옛이야기를 통한 창의 인성 키우기

1 옛이야기로 키우는 창의성

아동기는 인성의 기초가 만들어지는 시기다. 이 시기에 어떤 경험과 생각을 하느냐에 따라 아동의 삶의 방향과 가치가 결정된다고 해도 과언이 아니다. 부모들은 누구나 내 아이가 더 나은 삶을 살아가기를 원한다. 그래서 어릴 때부터 아이들에게 지식 위주, 특기활동 위주의 교육을 시키고 있는 게 현실이다. 그러나 아이들 스스로 문제를 해결하고 타인과의 관계에서 삶을 잘 유지하고 올바른 가치판단 기준을 만들어가는 것이 중요하다. 이는 인공지능 시대를 살아가는 아이들에게 지적 능력과 기술을 가르치는 것보다 함께 일하고 싶은 사람, 믿고 신뢰할 수 있는 '인성'을 갖춘 사람으로 기르는 교육이 더 요구된다는 것을 의미한다.

인성은 미래 사회 융합적 인재의 핵심 역량이다. 이러한 맥락에서 아동기 창의 인성교육의 경험은 개인의 일생을 통해 삶의 방향과 도덕적 가치 기준에 영향을 준다. 그러므로 아동기의 인성교육이 더욱더 필요하다. 그래서 아동기 인성교육 프로그램이 다양하게 개발되고 있는데 아동기의 특성상 인성교육 매체로 그림책이나 동화가 많이 활용되고 있다. 그중에 옛이야기는 오랫동안 구전되어 오는 이야기로 그 시대의 사회 모습이나 민족성, 정서, 문화 등을 반영하고 있다. 그러한 옛이야기를 통해 현재의 아동이 시대를 뛰어넘어 문제를 해결하는 방법을 배우고 사회현상에 대한 통찰력을 기르며 타자에 대한 이해와 자신을 이해하는 힘을 기를 수 있다.

특히, 이 책에 제시된 옛이야기는 대부분이 우화로 이야기 속의 등장인물을 분석하고 재해석함으로써 아동의 창의 인성 덕목에 대한 이해와 실천을 돕는 중요한 매체다.

2 옛이야기

1) 아버지의 바지(창의 인성 덕목: 소통)

(1) 1단계 수용단계: 이야기 받아들이기

① 이야기 수용 준비

- 제목으로 이야기를 예측한다.
  - 어떤 이야기일까요?

② 이야기 들려주기

옛날 어느 마을에 황 부자가 살고 있었어요.
황 부자에게는 세 딸이 있었는데 얼굴을 보기만 하면 싸웠어요.
"거참, 이웃 마을 선비의 세 딸은 효녀라는데 우리 딸들은 왜 이럴까?"
어느 날 황 부자는 선비의 집으로 찾아갔어요.
"어서 오십시오. 황 부자님."
"인사나 하려고 들렀소. 아니, 바지가 왜 이리 짧소? 보기가 아주 민망하구려!"

선비는 기분 좋게 웃더니 바지가 짧아진 이유를 말해 주었어요.
"어제 아침에 우리 딸들에게 내 바지 반 뼘만 줄여다오 했지요. 그랬더니 첫째 딸이 낮에 줄여 놓고 그걸 모르고 둘째 딸이 저녁에 또 줄이고 오늘 아침에 셋째가 또 한 번 줄여서 이렇게 되었지요. 그 마음들이 기특해서 이렇게 입고 있답니다."
이야기를 다 들은 황 부자는 집으로 돌아갔어요. 그리고는 딸들에게 새 바지를 꺼내 놓고 말했어요.
"얘들아, 내 바지를 한 뼘만 줄여 놓으렴."
"네, 아버지."
세 딸들은 크게 대답을 했어요.
다음날 오후 황 부자가 바지를 살펴보았지만 바지는 그대로였어요.
황 부자는 세 딸을 불렀어요.
"얘들아, 어젯밤에 내가 바지를 줄여 달라고 했는데 그대로인 것 같구나."
그러자 첫째 딸이 말했어요.
"전 둘째 대답 소리가 크기에 둘째가 하는 줄 알고 그냥 두었죠."
그 말을 들은 둘째 딸은 눈을 동그랗게 뜨며 말했어요.
"아니, 언니! 그때 막내가 제일 앞에 나섰잖아! 난 막내가 하는 줄 알았지!"
그러자 막내가 말했어요.
"흥! 어린 내가 바느질을 어떻게 한단 말이야. 내가 바느질 못하는 걸 언니들도 다 알면서."
그런 일로 세 딸들은 티격태격 싸우기 시작하지 뭐예요.
"이제 그만두어라."
그 모습을 본 황 부자는 한숨을 쉬면서 중얼거렸어요.
"…………………"

- 이야기를 구연으로 들려준다.
  - 먼저 등장인물을 분석하고 등장인물의 음색을 표현해서 들려주면 좋다.

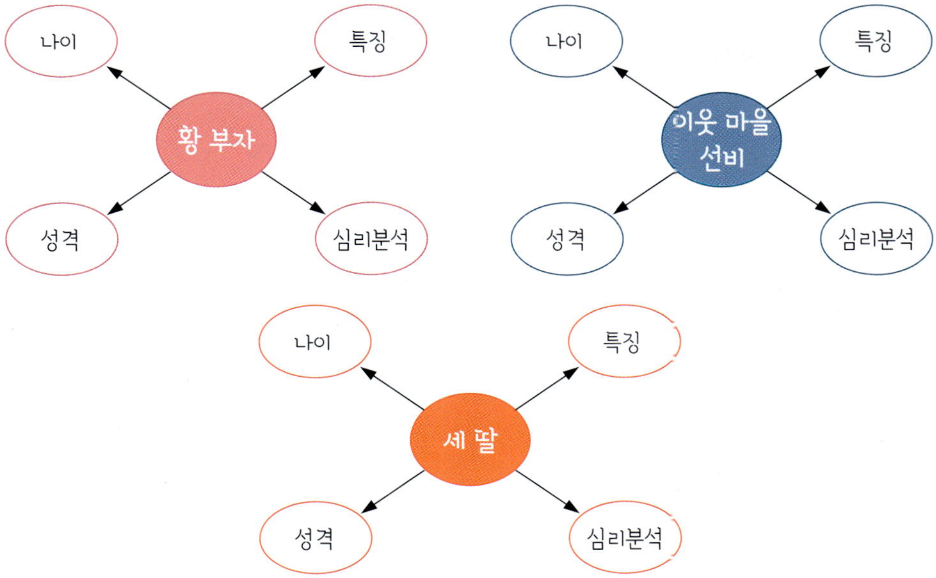

〈목소리 표현을 위한 등장인물 분석〉

〈등장인물 이해〉

세 딸과 아버지의 목소리 변화를 통해 아이들에게 등장인물의 심리를 표현해 준다.

세 딸의 행동		아버지의 마음		아버지의 음색
이웃 마을 선비 세 딸	→	딸들의 효성에 기분이 좋음	→	인자하고 부드러운 음색
황 부자 세 딸	→	매일 싸우는 딸들 때문에 속상함	→	퉁명스럽고 화난 음색

③ 생각/느낌 더하기(감지적 자극)

- 주인공이나 등장인물 마음 되어 보기
- 자신의 생각이나 느낌 발표하기
- 작가의 의도 알아보기

질문카드 × 행동카드

④ 경험의 수용

- 이야기의 장면과 관련된 자신의 경험 떠올리기
- 이야기 요약하기

질문카드 × 행동카드

⑤ 생각/느낌 나누기

- 이야기를 듣고 어떤 느낌이 드는지 이야기해 본다.
  - 황 부자에게 어떤 말을 해 주고 싶나요?(행동카드: 쓰기)
  - 내가 황 부자라면 어떻게 했을까요?(행동카드: 노래 만들기)
  - 바지가 그대로인 걸 발견한 황 부자의 마음은 어땠을까요?(행동카드: 노래 만들기)
  - 사건을 바꾼다면 어떻게 바꾸고 싶은가요?(행동카드: 그림 그리기)

질문카드 × 행동카드

(2) 2단계 융합단계

① 이해와 감상-이해를 위한 사전단계

- 주요 장면, 줄거리 요약 설명하기
- 인상적인 장면 선정하기(질문카드 활용)
  – 이 이야기에서 가장 인상에 남는 장면은 어떤 것인가요?
- 장면 선정 후 장면을 보고 생각나는 대로 이야기하기(크레인스토밍)
- 인물의 감정 곡선 따라가기(행동카드 활용)

② 자의적 해석-이해단계

- 이야기를 생각나는 대로 포스트잇에 적는다.

③ 이야기 데이터 수집(마인드맵)-이야기 데이터 수집단계

- 이야기 주제 찾기: 마인드맵 활용
- 각 장면의 그림에서 특이한 점 찾기
- 장면의 사건/배경에 대해 이야기하기

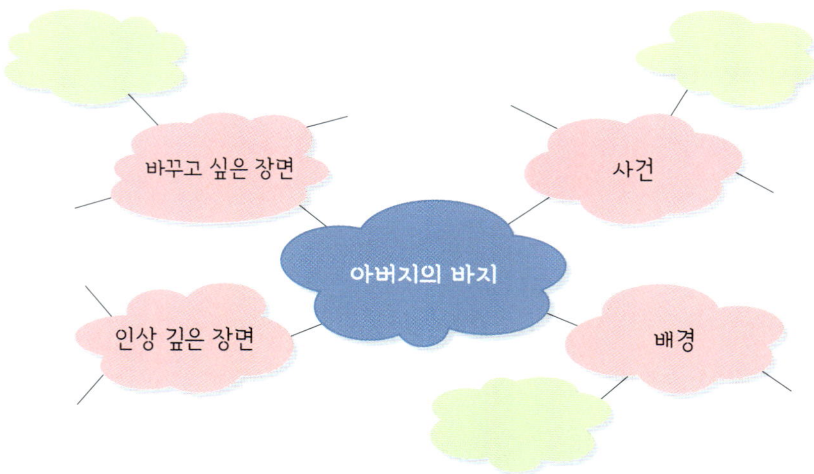

〈마인드맵〉

④ 재구성-코딩단계

진행자: 이웃 마을 선비의 세 딸은 아버지의 바지를 모두 줄여서 바지가 짧아졌는데 아버지의 기분은 좋았지요? 정말 세 딸들이 효녀인가 봐요. 그런데 아버지는 정말 기분이 좋았을까요?

아이: ....

....

진행자: 그래요. 한 사람만 바지를 줄였으면 딱 맞는 바지를 입을 수 있었을 거예요. 그럼, 누가 줄이면 좋을까요?

아이: ....

....

진행자: 아, 의논을 해서 정하면 좋겠군요. 황 부자의 딸들도 이웃 마을 딸들도 모두 의논을 하지 않았네요.

아이: ....

....

진행자: 모두 혼자 생각으로 판단해서 행동했기 때문에 이웃 마을 선비의 바지는 짧아졌고 황 부자의 바지는 그대로였군요. 그럼, 어떻게 하면 좋을까요?

아이: 이야기를 해서 누가 할지 정해요.

진행자: 그럼, 세 명의 딸 중 누가 아버지 바지를 줄일 수 있을까요?

아이: 혼자하기 힘드니까 다 같이 하면 돼요.

진행자: 어떻게 다 같이 할 수 있을까요?

아이:

진행자: 그러면 우리가 이야기한 방법대로 아버지 바지를 줄여 봅시다.

바지를 줄일 수 있는 방법을 이야기해서 적어 본다.

①

②

③

④

(3) 3단계 표현단계

① 결과물 기술방법에 대한 전략

- 주관적 스토리텔링을 통한 미디어 결과물
  - 패션디자이너가 된 아이들이 옷을 디자인하고 패션쇼를 기획한다.

② 표현단계의 진행과정

① 표현카드의 내용에 따라 대본을 만든다.

② 대본을 만든 후 역할을 정한다.

③ 역할을 나누어 진행한다.

④ 진행하는 내용을 영상으로 촬영하거나 녹음한다.

예 〈표현카드〉 영상 촬영

영상 촬영

활동제목 패션 디자이너

활동방법

① 전지를 활용하여 아버지 바지를 만든다.

② 큰 바지를 아이들이 함께 줄이고 디자인을 해서 딱 맞는 바지를 만든다.

③ 아이들이 입고 패션쇼를 한다.

④ 패션쇼 하는 장면을 영상으로 찍어서 함께 본다.

15분 토론 진행하기(초등 수업)

〈토론 주제〉

※ 이웃 마을 선비가 짧은 바지를 입고 정말 행복했을까요?

① 행복 팀: 딸들의 효심에 행복했다.

② 의사소통 팀: 아니다. 의사소통을 하지 않아 비싼 바지를 못 입게 됐다.

〈토론 순서〉

① 사회자를 정한다. 아이들이 사회를 보기 힘들면 교사가 진행한다.

② 행복 팀, 의사소통 팀으로 나눈다.

③ 한 명씩 돌아가면서 자기 의견을 발표한다.

④ 반대편 의견에 반박할 수 있는 이야기를 한다.

2) 소금이 최고야!(창의 인성 덕목: 절제)

(1) 1단계 수용단계: 이야기 받아들이기

① 이야기 수용 준비

- 제목으로 이야기를 예측한다.
  - 어떤 이야기일까요?

② 이야기 들려주기

옛날에 불평만 하는 어리석은 농부가 살았어요.
"오늘은 왜 이렇게 더운 거야, 더워서 못 살겠네."
"이보게, 날씨가 더워야 곡식이 잘 익지. 해님이 없이 구름만 잔뜩 끼면 곡식들도 잘 익지 않아."
농부는 매일 투덜투덜 불만만 가득했어요.
그러던 어느 날, 마을의 부자 영감님의 집에서 잔치가 열린다는 소식을 들었어요.
"옳거니! 부잣집이니 맛있는 음식이 많을 거야. 오늘은 맛난 음식을 많이 먹겠군!"
아침부터 굶은 농부는 잔칫집에서 음식을 허겁지겁 먹기 시작했어요.
"아니, 음식 맛이 왜 이렇게 싱거운 거야? 부잣집 음식이 이렇게 맛없다니. 도저히 먹을 수가 없네."
그 소리를 들은 주인이 소금을 조금 내밀었어요.
"아마 음식이 싱거운 모양이네. 이 소금을 조금 넣어 보게나."
주인 영감의 말을 듣고 농부는 음식에 소금을 넣고 다시 맛을 보았어요.
"하하하. 정말 맛이 좋네요. 음식 맛을 내는 것은 소금이 최고군요."
"간이 맞아야 음식이 맛있는 법이지. 그렇다고 소금을 너무 많이 쓰면 오히려 맛이 없다네."
부자 영감님의 말에 농부는 또 투덜거렸어요.
'무슨 소리야! 소금을 조금 넣었는데 맛이 이렇게 좋으니 소금을 많이 넣는다면 정말 맛있는 음식이 될 거야.'
집으로 돌아온 농부는 날마다 음식에 소금을 점점 더 많이 넣어 먹었지요.
그러다 결국 농부는 입맛을 모두 잃어버리고 병이 들고 말았답니다.

- 이야기를 구연으로 들려준다.
  - 먼저 등장인물을 분석하고 등장인물의 음색을 표현해서 들려주면 좋다.

〈목소리 표현을 위한 등장인물 분석〉

- 부자 영감: 지혜로운 할아버지의 음색
- 농부: 불평이 많고 어리석은 아저씨의 음색

③ 생각/느낌 더하기(감지적 자극)

- 주인공이나 등장인물 마음 되어 보기
- 자신의 생각이나 느낌 발표하기
- 작가의 의도 알아보기

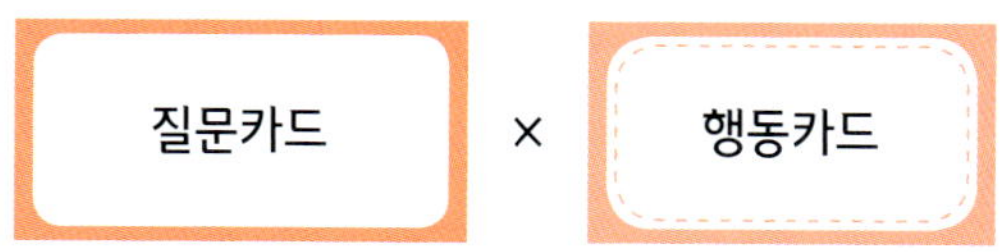

④ 경험의 수용

- 이야기의 장면과 관련된 자신의 경험 떠올리기
- 이야기 요약하기

⑤ 생각/느낌 나누기

- 이야기를 듣고 어떤 느낌이 드는지 이야기해 본다.

질문카드 × 행동카드

(2) 2단계 융합단계

① 이해와 감상-이해를 위한 사전단계

- 주요 장면, 줄거리 요약 설명하기
- 인상적인 장면 선정하기(질문카드 활용)
  – 이 이야기에서 가장 인상에 남는 장면은 어떤 것인가요?
- 장면 선정 후 장면을 보고 생각나는 대로 이야기하기(브레인스토밍)
- 인물의 감정 곡선 따라가기(행동카드 활용)

② 자의적 해석-이해단계

- 이야기를 생각나는 대로 포스트잇에 적는다.

잔치가 열렸어요.

음식이 싱거워요.

부자

농부

소금

배고파요.

짜요.	달아요.	적당히 넣어야 해요.
여름	병이 났어요.	음식
음식 맛	가을	설탕
당나귀와 소금장수	겨울	가난
봄	많아서 안 좋아요.	후추

밀가루

하얀색

눈

맛을 내는 법을 안다.

어리석다.

착하다.

나누어 준다.

소금 만드는 맷돌

불만이 많아요.

욕심이 많아요.

소금을 많이 넣었어요.

바보 같아요.

③ 이야기 데이터 수집(마인드맵)-이야기 데이터 수집단계

- 이야기 주제 찾기: 마인드맵 활용
- 각 장면의 그림에서 특이한 점 찾기
- 장면의 사건/배경에 대해 이야기하기

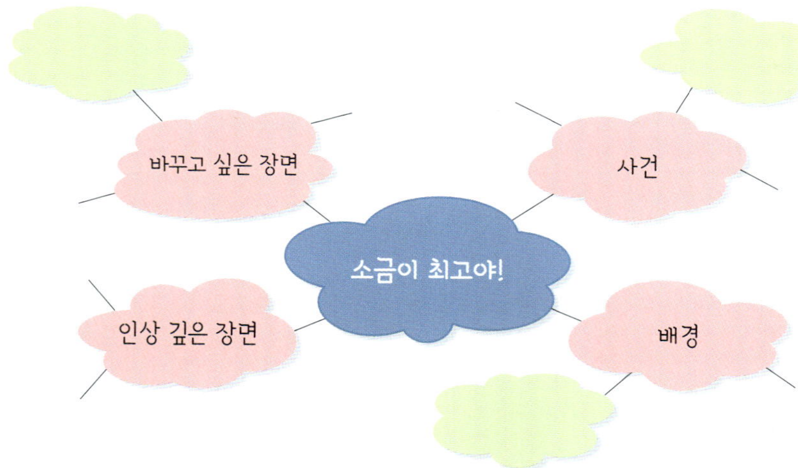

〈마인드맵〉

④ 재구성-코딩단계

포스트잇에 적은 내용과 마인드맵을 통해서 알게 된 내용을 일부 선택해서 다른 이야기를 만들어 본다.

▶ 활동방법

① 2단계 융합 활동에서 만든 이야기 데이터를 활용하여 다른 이야기를 만든다.

예 아이들이 원하는 데이터를 5~6장 정도 선택하거나 무작위로 뽑게 한다.

선택한 데이터

농부	어리석다.	소금
부자	소금 만드는 맷돌	욕심이 많아요.

선택한 데이터를 활용하여 만든 이야기

옛날에 어리석은 농부가 살았어요. 어느 날 농부는 밭에 일하러 갔다가 땅에 묻혀 있는 맷돌 하나를 발견했어요.
"야, 멋진걸. 집으로 가져가야지. 이 맷돌로 맛있는 음식도 해서 먹을 거야."
농부는 맷돌을 끙끙거리며 집으로 가져왔어요.
"하하하, 이 맷돌 한번 돌려 봐야지."
농부는 아무것도 넣지 않고 맷돌을 돌렸어요. 그런데 빈 맷돌에서 소금이 쏟아지기 시작했어요. 농부는 깜짝 놀랐어요.
맷돌을 돌릴수록 소금이 쏟아져 나오니 농부는 정신없이 맷돌을 돌렸어요.
농부는 소금을 시장에 팔아 부자가 되었어요.
부자가 된 농부는 점점 더 욕심이 생겼지 뭐예요. 매일매일 맷돌을 돌려서 창고마다 소금을 채우고도 남아서 마당에도 가득가득 소금을 쌓아 놓았어요.
그러던 어느 날 비가 내리기 시작했어요. 비는 사흘 밤낮으로 그치지 않고 내렸어요.
세차게 내리는 비에 마당에 쌓였던 소금과 창고에 가득 있던 소금 모두 녹아내렸어요. 맷돌도 너무 많이 돌려서 고장이 나고 말았지요.
농부는 후회했지만, 소용이 없었어요.

(3) 3단계 표현단계

① 결과물 기술방법에 대한 전략

- 주관적 스토리텔링을 통한 미디어 결과물

② 표현단계의 진행과정

① 표현카드의 내용에 따라 대본을 만든다.

② 대본을 만든 후 역할을 정한다.

③ 역할을 나누어 진행한다.

④ 진행하는 내용을 영상으로 촬영하거나 녹음한다.

예 〈표현카드〉 만화

만화

활동제목 만화가가 되어요!

활동방법

① 2단계 융합 활동에서 만든 이야기를 활용하여 다른 이야기를 만든다.

② 만든 이야기를 6컷 만화로 그린다.

❶ 일하다가 맷돌을 발견하는 장면	❷ 맷돌에서 소금이 쏟아지는 장면	❸ 마당에 소금이 가득한 장면
❹ 비가 내리는 장면	❺ 소금이 녹아내리는 장면	❻ 고장 난 맷돌을 보고 털썩 주저앉아 후회하는 장면

③ 만든 만화를 전시하고 좋아요 스티커를 붙여준다.

3) 3층만 필요해!(창의 인성 덕목: 질서, 규칙, 소통)

(1) 1단계 수용단계: 이야기 받아들이기

① 이야기 수용 준비

- 제목으로 이야기를 예측한다.
  - 어떤 이야기일까요?

② 이야기 들려주기

옛날에 돈은 많지만 어리석은 김 부자가 살았어요.
어느 날 김 부자는 옆 마을에 사는 친구 이 부자 집에 놀러 갔어요. 그 친구의 집은 아주 멋진 삼층집이었지요.
김 부자는 삼층에 올라가 이곳저곳을 살펴봤어요.
'정말 시원하고 아름다운 집이군. 내가 이 부자보다 더 부잔데 왜 이런 집을 짓지 못했지?'
김 부자는 집으로 돌아와 마을에서 가장 솜씨가 좋은 목수를 불렀어요.
"자네 옆 마을 이 부자네 삼층집처럼 멋진 집을 지을 수 있는가?"
"네. 그럼요, 그 집을 제가 지었는걸요."
"그래? 그러면 내가 돈을 더 줄 테니 더 멋진 집을 짓도록 하여라."
"아. 네……."
목수는 땅을 파서 단단하게 다지고 기둥을 세웠어요.
"여보게. 자네 지금 무얼 하나?"
"네, 집을 지으려고 기둥을 세우는 중입니다."
"아니야. 난 삼층집을 만들라고 했지 땅을 다지라고는 안 했네."
김 부자는 목수에게 호통을 쳤어요.
"영감님, 삼층집을 지으려면 아래층부터 단단하게 지어야 합니다."
"허허. 내가 주인이다! 난 일층과 이층은 필요 없고 삼층만 필요하니 삼층만 짓게."
"아니, 어찌 그리 미련하십니까? 일층을 짓지 않고 어떻게 이층을 지을 수 있으며, 이층을 짓지 않고 어떻게 삼층을 짓겠습니까?"

> "다 필요 없네. 난 지금 삼층이 필요하니 삼층부터 짓게."
> 김 부자는 끝까지 고집을 피웠어요.
> "저는 아래층 없는 삼층을 지어 본 적이 없소. 이 일 그만두겠으니 다른 데 가서 알아보슈."
> 목수는 김 부자의 고집에 짐을 챙겨 그 집을 떠났답니다.

- 이야기를 구연으로 들려준다.
  - 먼저 등장인물을 분석하고 등장인물의 음색을 표현해서 들려주면 좋다.

〈목소리 표현을 위한 등장인물 분석〉

- 김 부자: 괴팍한 노인의 음색
- 목수: 정직하고 성실한 청년의 음색

③ 생각/느낌 더하기(감지적 자극)

- 주인공이나 등장인물 마음 되어 보기
- 자신의 생각이나 느낌 발표하기
- 작가의 의도 알아보기

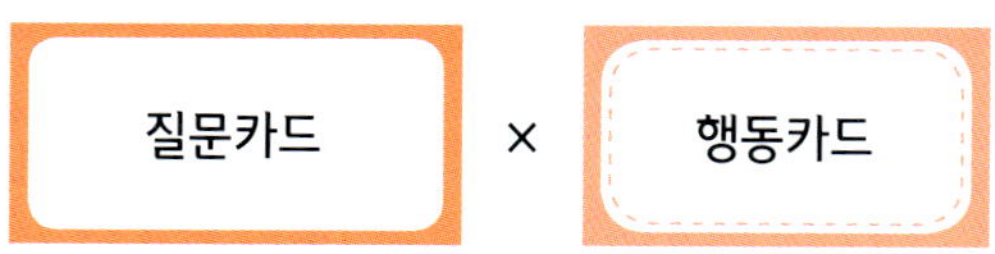

④ 경험의 수용

- 이야기의 장면과 관련된 자신의 경험 떠올리기
- 이야기 요약하기

질문카드 × 행동카드

⑤ 생각/느낌 나누기

- 이야기를 듣고 어떤 느낌이 드는지 이야기해 본다.
- 순서를 지키지 않았을 때 일어날 수 있는 일에 대해 이야기를 나누어 본다.

질문카드 × 행동카드

(2) 2단계 융합단계

① 이해와 감상-이해를 위한 사전단계

- 주요 장면, 줄거리 요약 설명하기
- 인상적인 장면 선정하기(질문카드 활용)
  - 이 이야기에서 가장 인상에 남는 장면은 어떤 것인가요?
- 장면 선정 후 장면을 보고 생각나는 대로 이야기하기(브레인스토밍)
- 인물의 감정 곡선 따라가기(행동카드 활용)

② 자의적 해석-이해단계

- 이야기를 생각나는 대로 포스트잇에 적는다.

③ 이야기 데이터 수집(마인드맵)-이야기 데이터 수집단계

- 이야기 주제 찾기: 마인드맵 활용
- 각 장면의 그림에서 특이한 점 찾기
- 장면의 사건/배경에 대해 이야기하기

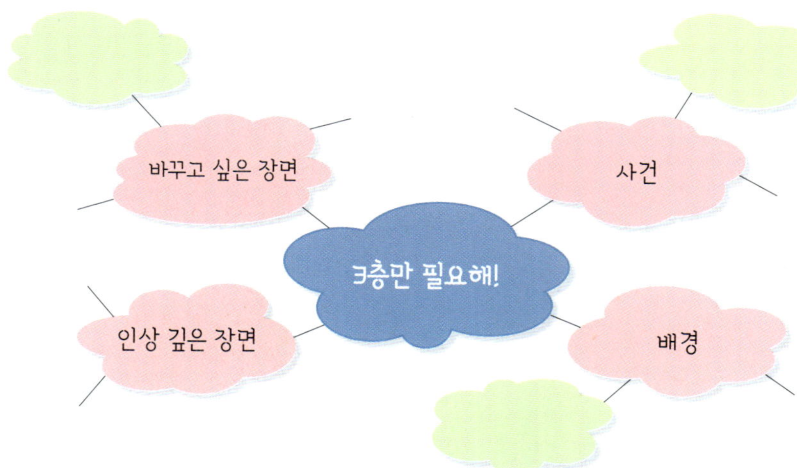

〈마인드맵〉

④ 재구성-코딩단계

- 기초를 튼튼히 하지 않고 집을 지었을 때 일어날 수 있는 일에 대해 이야기 나눈다.
- 인터넷을 활용해서 자료를 찾아본다.
- 집을 짓기 위해서는 땅을 단단하게 다지는 일부터 해야 한다. 기초가 튼튼해야 튼튼한 집을 만들 수 있다. 튼튼하게 짓지 않아서 무너진 건물에 대해 자료를 찾아보자. 그리고 부실공사에 대한 이야기를 아이들과 나눠 본다.

(3) 3단계 표현단계

① 결과물 기술방법에 대한 전략

- 객관적 사실을 통한 미디어 결과물

② 표현단계의 진행과정

① 표현카드의 내용에 따라 대본을 만든다.
② 대본을 만든 후 역할을 정한다.
③ 역할을 나누어 진행한다.
④ 진행하는 내용을 영상으로 촬영하거나 녹음한다.

예 〈표현카드〉 가상뉴스

가상뉴스

진행자: 유치원이 무너지는 사고가 발생했어요. 왜 유치원이 무너졌을까요? 지금부터 여러분이 기자가 되어서 유치원이 무너진 사건을 뉴스로 만들 거예요. 유치원이 왜 무너졌는지 취재하고 녹음을 할 건데 취재를 위해서는 먼저 무엇이 필요할까요?

아이들: 마이크요. 녹음기요. ______________________________

진행자: 맞아요. 마이크, 녹음기가 필요해요. 그리고 뉴스를 쓸 때는 몇 가지 필요한 것이 있는데, 먼저 제목을 달아야 합니다. 그리고 기사는 육하원칙(언제, 누가, 어디서, 무엇을, 어떻게, 왜)을 지켜서 쓰는 게 좋아요. 또 사실을 그대로 객관적으로 보도해야 합니다. 필요할 때는 인터뷰를 통해서 사실을 증명해 줄 수 있는 것도 괜찮아요.

그럼, 지금부터 여러분이 유치원 사고 현장을 뉴스로 만들 겁니다. 먼저 기사를 만들고 모둠에서 역할을 정해서 녹음해요. 먼저 뉴스를 보여 줄 거예요. 이 뉴스를 보고 여러분이 그 현장에 나가 있다고 가정하고 가상의 뉴스를 만들어 봅시다.

아이들: 네.

활동제목 가상 뉴스 만들기

활동방법

① 뉴스 자료를 아이들에게 보여 준다.

② 사고의 내용을 보고 왜 이런 일이 일어났는지 아이들이 상상해서 가상의 뉴스를 만든다.

③ 뉴스 대본을 만들고 역할을 정한다.

④ 대본을 연습한 후 녹음하여 들어 본다.

〈대본 예시〉

유치원 붕괴 사고, 미리 막을 수 있었다

앵커: 어제 저녁 ㅇㅇ동에 있는 유치원이 일부 무너지는 사고가 발생했습니다. 사고 현장의 기울어진 유치원이 더 위태로워 보입니다.

이 사고는 ....

....

목격자 1: ....

....

....

목격자 2: ....

....

....

전문가: ....

....

....

앵커: ....

....

....

4) 볶은 참깨(창의 인성 덕목: 인내)

(1) 1단계 수용단계: 이야기 받아들이기

① 이야기 수용 준비

- 제목으로 이야기를 예측한다.
  - 어떤 이야기일까요?

② 이야기 들려주기

옛날 어느 부잣집에서 맛있는 음식을 만들어 마을 사람들에게 나누어 주고 있었어요.
이 소식을 들은 농부가 부잣집을 찾아갔지요.
"영감마님, 저에게도 맛있는 음식을 좀 주십시오."
"그래. 자네도 여기 와서 많이 먹게나."
농부는 음식을 맛있게 먹고 춤도 추고 신나게 놀았어요. 그러다 부엌 앞에 놓여 있는 참깨를 발견했지요.

"와~ 맛있는 참깨가 이렇게 많다니. 어디 조금 먹어 볼까?"
농부는 참깨를 한주먹 집어 먹었어요.
"퉤! 퉤! 퉤! 참깨 맛이 왜 이래? 도저히 못 먹겠네."
이 모습을 본 주인이 다른 참깨를 농부에게 내밀었어요.
"이 참깨를 먹어 보게."
"정말 고소하군요. 이 깨는 왜 이렇게 고소한가요?"
"이건 볶은 참깨라네. 생 깨를 볶으면 이렇게 고소해진다네."
주인의 말은 들은 농부는 생각했어요.
'아. 그렇군! 생 깨를 볶아야 맛이 있군. 그런데 매번 먹을 때마다 볶는 것은 힘들어. 다른 좋은 방법이 없을까?'
농부는 한참을 생각하다가 좋은 생각이 떠올랐어요.
'옳지! 처음부터 깨를 볶아서 심는 거야.'
기분이 좋아진 농부는 얼른 집으로 돌아와 볶은 참깨를 밭에다 뿌렸어요.
"난 역시 똑똑하다니까. 고소한 참깨야, 어서어서 나오너라."
농부는 매일 밭에 물을 주고 싹이 나기를 기다렸지요. 그러나 아무리 기다려도 깨밭에서는 싹이 나오지 않았답니다.

- 이야기를 구연으로 들려준다.
  - 먼저 등장인물을 분석하고 등장인물의 음색을 표현해서 들려주면 좋다.

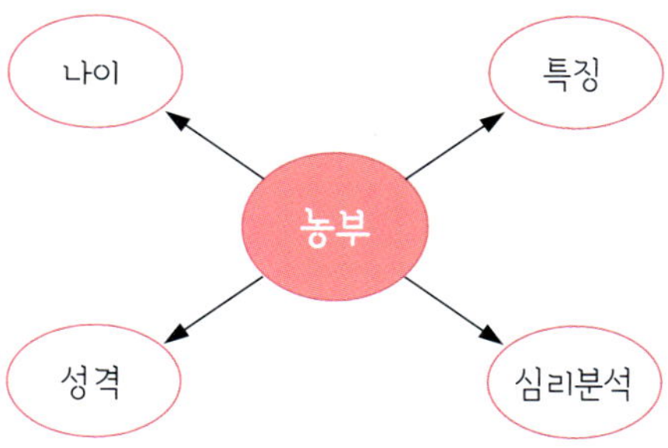

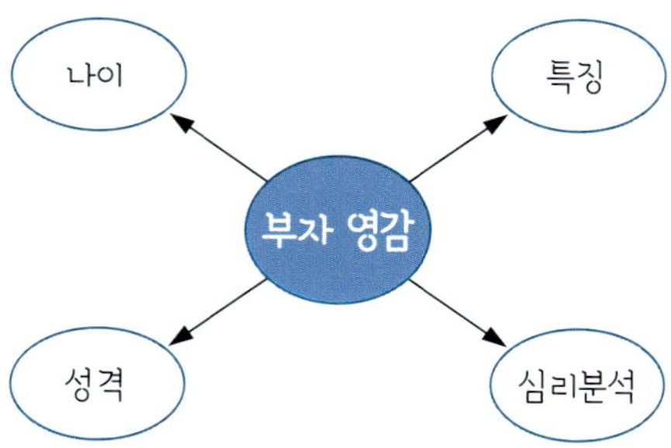

〈목소리 표현을 위한 등장인물 분석〉

- 농부: 어리석은 아저씨의 음색
- 부자 영감: 인자하고 너그러운 할아버지의 음색

③ 생각/느낌 더하기(감지적 자극)

- 주인공이나 등장인물 마음 되어 보기
- 자신의 생각이나 느낌 발표하기
- 작가의 의도 알아보기

질문카드 × 행동카드

④ 경험의 수용

- 이야기의 장면과 관련된 자신의 경험 떠올리기
- 이야기 요약하기
  - 어리석은 농부처럼 일을 순서대로 하지 않아 곤란했던 적이 있나요?
  - 일을 순서에 맞지 않게 하면 곤란해지는 것이 있을까요?

질문카드 × 행동카드

⑤ 생각/느낌 나누기

- 이야기를 듣고 어떤 느낌이 드는지 이야기해 본다.
- 순서를 지키지 않았을 때 일어날 수 있는 일에 대해 이야기 나누어 본다.

질문카드 × 행동카드

(2) 2단계 융합단계

① 이해와 감상-이해를 위한 사전단계

- 주요 장면, 줄거리 요약 설명하기
- 인상적인 장면 선정하기(질문카드 활용)
  - 이 이야기에서 가장 인상에 남는 장면은 어떤 것인가요?
- 장면 선정 후 장면을 보고 생각나는 대로 이야기하기(브레인스토밍)

② 자의적 해석-이해단계

- 무슨 일이나 순서를 제대로 지키지 않고 조급하게 서두르면 실수를 하게 된다. 농부가 생 깨를 심지 않고 볶은 참깨를 심은 것은 기다리지 못하는 성급한 마음 때문이다. "우물에 가서 숭늉 찾는다."라는 속담처럼 너무 서두르면 안 된다는 것이다.
- 이 이야기 중에서 가장 기억에 남는 장면은 무엇인가요?
  - 깨를 볶아서 심는 장면이요.
- 왜 그 장면이 기억에 남나요?
  - 농부가 바보 같아요.
- 농부가 왜 바보 같나요?
  - 씨앗은 익으면 죽어요. 그래서 싹이 안 나요.
- 농부에게 해 주고 싶은 이야기가 있나요?
  - 참고 기다려야 해요. 그리고 순서를 지키지 않으면 안 된다고 말하고 싶어요.
- 여러분도 농부처럼 기다리지 못해서 일의 순서를 안 지킨 적이 있나요?
- 뒷이야기를 만든다면 어떻게 만들고 싶나요?
- 이 이야기를 듣고 생각나는 단어를 말해 본다.
- 이야기를 생각나는 대로 포스트잇에 적는다.

③ 이야기 데이터 수집(마인드맵)-이야기 데이터 수집단계

- 이야기 주제 찾기: 마인드맵 활용
- 각 장면의 그림에서 특이한 점 찾기
- 장면의 사건/배경에 대해 이야기하기

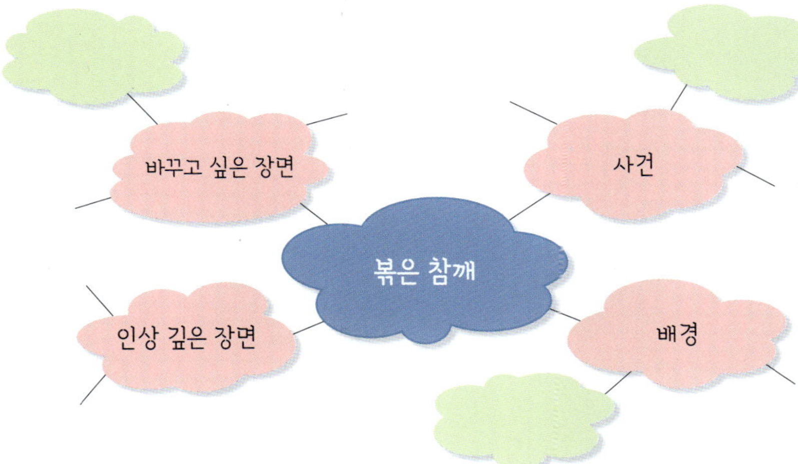

〈마인드맵〉

④ 재구성-코딩단계

- 부분을 다르게 재구성
- 인물, 배경을 바꿔서 재구성
- 사건을 다르게 재구성
- 이야기의 전후를 다르게 재구성
- 새로운 갈등 구조를 만들어 재구성
- 나의 경험에 빗대어 재구성

(3) 3단계 표현단계

① 결과물 기술방법에 대한 전략

- 주관적 스토리텔링을 통한 미디어 결과물

② 표현단계의 진행과정

① 표현카드의 내용에 따라 대본을 만든다.
② 대본을 만든 후 역할을 정한다.
③ 역할을 나누어 진행한다.
④ 진행하는 내용을 영상으로 촬영하거나 녹음한다.

예 〈표현카드〉 오디오북

오디오북

활동제목 나도 작가!

활동방법

① 아이들이 이야기한 내용을 이용해서 새로운 이야기를 만든다.

진행자: '볶은 참깨'를 읽고 농부에게 하고 싶은 말, 기억에 남는 장면, 생각나는 단어를 포스트잇에 적어 봤는데 포스트잇의 내용을 활용해서 다른 이야기를 만들어 그림책을 만들 거예요. (경험이 있으면 경험을 중심으로 이야기를 만들어도 된다.) 그리고 만든 그림책은 녹음해서 오디오북도 만들 건데 할 수 있죠?

아이: 네.

진행자: 이제 이야기를 만들어 봐요. 어떤 이야기를 쓸까요?

아이: 농부 이야기요. 농부가 바보 같아서 깨 농사를 망쳤어요.

진행자: 그럼, 농부가 주인공이네요.

아이: 네. 그리고 친구도 나와요. 그 친구는 똑똑해서 농사를 아주 잘 지어요.

진행자: '농부와 친구 이야기'가 어떤 이야기가 될지 궁금하네요.

아이: ....

....

진행자: 재미있는 이야기가 나온 것 같은데 이야기 순서대로 그림을 그릴 거예요. 그리고 책으로 만들 거예요. 그림책에는 어떤 것들이 적혀 있나요?

아이: 책 제목, 지은이, 출판사가 적혀 있어요.

진행자: 그럼, 여러분이 쓴 이야기는 어떤 제목으로 하면 좋을까요?

아이: ....

....

진행자: 제목은 정해졌고 출판사 이름은 무엇인가요?

아이: ....

....

진행자: 좋아요. 이제 여러분이 작가가 되어 그림책을 만들어 봐요.

② 얼개 짜기

제목:	지은이:

#1 옛날 어느 마을에 두 친구가 농사를 지으며 매일매일 행복하게 살았다. 한 친구는 무척 똑똑했지만 한 친구는 매우 어리석었다.

#2 똑똑한 친구는 농사짓는 방법을 어리석은 친구에게 잘 알려 줘서 두 친구 모두 농사를 잘 지었다.

#3 어느 날 어리석은 친구가 똑똑한 친구 집에서 맛있는 음식을 먹었다.(사건의 발생: 아이들이 이어 갈 수 있도록 유도하기)

#4 갈등 상황의 이야기(전개)

#5 갈등을 해결하기 위한 노력

#6 갈등 상황 해결

#7 결말

③ 글의 얼개가 완성되면 이야기를 만들고 그림을 그린다.

④ 글과 그림이 완성되면 표지를 만들고 제목, 작가, 출판사 정보를 쓰고 그림책을 만든다.

⑤ 녹음하여 오디오북으로 만든다.

⑥ 녹음 후에 다 함께 감상한다.

5) 연못 속의 황금(창의 인성 덕목: 공감, 타자의 이해)

(1) 1단계 수용단계: 이야기 받아들이기

① 이야기 수용 준비

- 제목으로 이야기를 예측한다.
  - 어떤 이야기일까요?

② 이야기 들려주기

옛날 옛날에 아버지와 아들이 있었어요. 어느 날 아들은 연꽃이 예쁘게 핀 연못가를 지나가게 되었지요.
"야, 연꽃이 아주 예쁘게 피었네. 구경하고 갈까?"
연꽃 구경을 하던 아들은 연못 속에서 반짝반짝 빛나는 황금을 발견했어요.
"이야, 황금이다! 내가 가져가야지!"
아들은 황금을 찾으러 연못 속으로 뛰어 들어갔어요.
"어! 어디 있는 거야. 분명 여기 있었는데……."
아들은 연못 속을 여기저기 찾아보았지만 황금은 보이지 않았어요.
"어휴, 어디로 간 거지. 괜히 고생만 했잖아."
아들은 연못 밖으로 나와 가만히 연못 속을 살폈어요. 그런데 연못 속에서 또 황금이 반짝이는 게 아니겠어요. 황금은 연못 속 그 자리에 그대로 있었어요.
"뭐야, 어떻게 된 거지? 이번엔 꼭 찾을 거야!"
아들은 살금살금 다시 연못 속으로 들어갔어요. 그런데 이번에도 황금은 어디론가 사라져 버렸어요. 화가 난 아들은 연못에 돌을 던졌지요. 황금은 그 자리에서

출렁일 뿐 그대로 있었어요.
"너, 약 올리는 거야? 이번엔 내가 꼭 찾을 거야. 기다려라."
한참을 들여다보던 아들은 신발도 벗고 물결이 일지 않게 사뿐사뿐 걸어갔어요. 그리고 물속의 황금을 확 움켜잡았지요. 그런데 이게 어찌 된 일이에요. 분명 황금을 잡았는데 황금은 온데간데없이 사라지고 말았어요. 그때 이 모습을 지켜보던 아버지가 물었어요.
"너 지금 무얼 하느냐?"
"네, 분명히 여기에 황금이 있어 찾으러 들어왔는데 황금이 없어졌어요."
"쯧쯧… 저기 저 나무 위를 잘 보거라. 그것은 원래 연못 속에 있던 게 아니라 저 나무 위에 있던 거란다."
아버지의 말을 들은 아들은 나무 위를 쳐다봤어요.
"어어! 황금이 왜 저기 있는 거야."
아들은 그만 힘이 빠져 물 위에 털썩 주저앉았대요.

- 이야기를 구연으로 들려준다.
  - 먼저 등장인물을 분석하고 등장인물의 음색을 표현해서 들려주면 좋다.

〈목소리 표현을 위한 등장인물 분석〉

- 아들: 성격이 급하고 욕심이 많으며, 후반으로 갈수록 화가 나는 음색
- 아버지: 느긋한 성격을 가진 중년 남성의 음색

※ **참고:** 아들의 대사에서 실망하고 속상한 마음을 점점 더 강하게 표현한다. 이야기를 들려줄 때는 아이가 머릿속으로 그림을 그릴 수 있도록 상황에 맞게 감정을 표현하면서 들려준다.

③ 생각/느낌 더하기(감지적 자극)

- 주인공이나 등장인물 마음 되어 보기
- 자신의 생각이나 느낌 발표하기
- 작가의 의도 알아보기

질문카드 × 행동카드

〈타자의 감정 이해〉

연못 속의 황금을 발견했을 때 감정

처음 연못 속으로 들어가서 못 찾았을 때 감정

세 번째 들어가서도 못 찾았을 때 감정

나무 위에 있는 황금을 발견했을 때 감정

④ 경험의 수용

- 이야기의 장면과 관련된 자신의 경험 떠올리기
- 이야기 요약하기

질문카드 × 행동카드

⑤ 생각/느낌 나누기

- 이야기를 듣고 어떤 느낌이 드는지 이야기해 본다.

질문카드 × 행동카드

(2) 2단계 융합단계

① 이해와 감상-이해를 위한 사전단계

- 주요 장면, 줄거리 요약 설명하기
- 인상적인 장면 선정하기(질문카드 활용)
  - 이 이야기에서 가장 인상에 남는 장면은 어떤 것인가요?
- 장면 선정 후 장면을 보고 생각나는 대로 이야기하기(브레인스토밍)
- 인물의 감정 곡선 따라가기(행동카드 활용)

② 자의적 해석-이해단계

- 이야기를 생각나는 대로 포스트잇에 적는다.

③ 이야기 데이터 수집(마인드맵)-이야기 데이터 수집단계

- 이야기 주제 찾기: 마인드맵 활용
- 각 장면의 그림에서 특이한 점 찾기
- 장면의 사건/배경에 대해 이야기하기

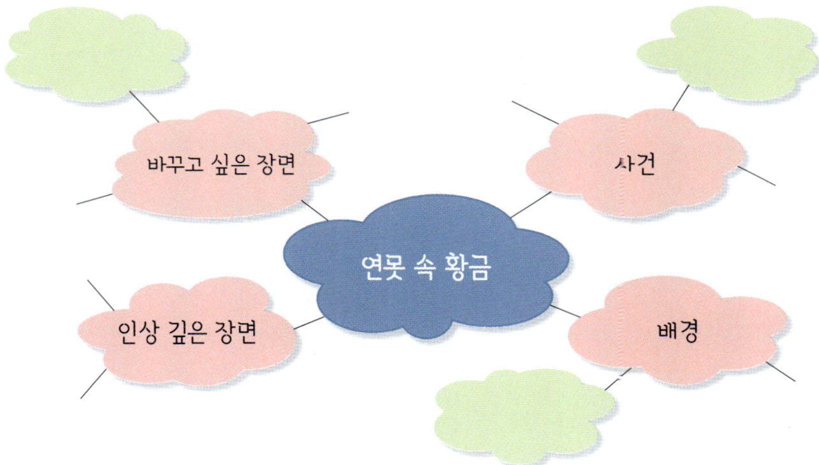

〈마인드맵〉

보이는 것만 믿는 오류, 안에서 보이지 않는 것은 한발 물러나서 보면 볼 수 있다는 메시지를 전해 준다. 눈에 보이는 것만 보고 사물을 판단할 수는 없다. 그것은 엄청난 오류를 범하기 때문이다. 눈에 보이는 현상만 가지고 판단하기보다는 한번쯤 나와 전체를 볼 수 있는 눈을 가져야 한다.

④ 재구성-코딩단계

- 부분을 다르게 재구성
- 인물, 배경을 바꿔서 재구성
- 사건을 다르게 재구성
- 이야기의 전후를 다르게 재구성
- 새로운 갈등 구조를 만들어 재구성
- 나의 경험에 빗대어 재구성

(3) 3단계 표현단계

① 결과물 기술방법에 대한 전략

- 주관적 스토리텔링을 통한 미디어 결과물

② 표현단계의 진행과정

① 표현카드의 내용에 따라 대본을 만든다.

② 대본을 만든 후 역할을 정한다.

③ 역할을 나누어 진행한다.

④ 진행하는 내용을 영상으로 촬영하거나 녹음한다.

예 〈표현카드〉 인터뷰

인터뷰

- 이야기 속 주인공 아이 인터뷰하기
- 진행자가 기자가 되고 아이가 이야기 속 주인공이 되어 인터뷰를 진행한다.

활동제목 공감 인터뷰

활동방법

① 인터뷰 요령

- 인터뷰는 사람을 취재하는 것이므로 취재원(인터뷰 대상자)의 정보를 파악한다.
- 인터뷰 대상자와의 라포 형성을 위해 주제와 관련 없는 일상의 이야기를 통해 어색함을 분위기를 없앤다.
- 객관적인 사실을 말해야 하며, 기자의 사적인 감정과 판단은 하지 않는다.
- 왜 그렇게 생각하는지의 질문을 통해 깊이 있는 대화를 유도한다.

〈연못 속의 황금 이야기 주인공 아이의 인터뷰〉

진행자(기자): 이야기 속 주인공을 인터뷰하기 위해 이야기 속으로 들어왔습니다. 주인공 아이를 만나보겠습니다. 안녕하세요? 자기소개 부탁드립니다.

아이: ....

진행자: 황금이 물속에 있는지 알고 물속에서 황금을 찾았는데 사실 황금은 나무 위에 있었잖아요. 나무 위에 황금이 있다는 사실을 알았을 때 기분이 어땠나요?

아이: ....

진행자: 그렇군요. 그러면 다른 친구들에게 이러한 상황이 있을 땐 어떻게 하라고 말하고 싶은가요?

아이: ....

진행자: 네, 잘 알겠습니다. 오늘 인터뷰에 답해 주셔서 감사합니다.

② 질문지는 아이들과 함께 만들어 본다.

③ 역할을 바꿔서 인터뷰를 진행한다.

④ 모둠의 인원에 따라 역할을 만든다.

6) 내기에서 이기는 법(창의 인성 덕목: 협력)

(1) 1단계 수용단계: 이야기 받아들이기

① 이야기 수용 준비

- 제목으로 이야기를 예측한다.
  - 어떤 이야기일까요?

② 이야기 들려주기

옛날에 내기를 좋아하는 두 농부가 한마을에 살았어요. 두 농부는 해마다 내기를 하면서 농사를 지었지요. 누구든 내기에서 이기려면 정성을 다해야 하기 때문에 두 농부의 농사는 항상 풍년이었어요.

"음, 올해는 사탕수수 농사 내기를 하면 어떨까?"

"그거 좋은 생각이군! 사탕수수가 더 달고 맛있는 사람이 이기는 거야."

"좋아, 그렇게 하지."

"여보게, 친구. 올해도 아마 내가 이길 거야."

"무슨 소리 하는 건가? 올해는 내가 꼭 이길 거야."

두 농부는 정성껏 사탕수수를 밭에 심었어요.

'올해는 내가 꼭 이겨야지. 무슨 좋은 방법이 없을까?'

매년 내기에서 지던 농부는 곰곰이 생각했어요.

'옳지! 그러면 되겠다. 사탕수수는 매우 달콤하니까 그 즙을 짜서 나무에 뿌리면 다른 어떤 사탕수수보다 더 달콤하고 맛있는 사탕수수가 될 거야.'

사탕수수 농사에서는 분명히 이길 거라고 생각한 농부는 기분이 좋아졌어요. 농부는 노래를 부르며 사탕수수의 즙을 짜서 사탕수수 나무의 뿌리와 줄기에 뿌려 주었어요. 그리고 더욱 달고 맛있는 사탕수수가 되기를 기다렸지요. 그런데 이게 웬일이에요. 달고 맛있는 사탕수수가 되기는커녕 모두 말라 죽고 말았지 뭐예요. 사탕수수즙을 바른 나무는 햇볕에 단단해지고 뿌리는 말라버리고 껍질은 모조리 상하고 말았답니다.

- 이야기를 구연으로 들려준다.
  - 먼저 등장인물을 분석하고 등장인물의 음색을 표현해서 들려주면 좋다.

〈목소리 표현을 위한 등장인물 분석〉

- 농부 1: 정직하고 부지런한 젊은 청년의 음색
- 농부 2: 승부욕이 강하지만 잔꾀만 부리고 어리석은 젊은 청년의 음색

※ **참고**: 두 농부의 성격과 심리를 분석해 보고 캐릭터에 맞는 목소리를 만들어 표현해 본다. 캐릭터는 이야기를 읽어 주는 교사나 부모가 다르게 표현할 수 있으므로 자유롭게 표현한다.

③ 생각/느낌 더하기(감지적 자극)

- 주인공이나 등장인물 마음 되어 보기
- 자신의 생각이나 느낌 발표하기
- 작가의 의도 알아보기
  - 농부는 친구를 이기고 싶은 마음이 왜 들었을까요?
  - 만약에 내기를 하지 않고 서로 협력해서 농사를 지었다면 어땠을까요?
  - 어떻게 협력할 수 있을까요?

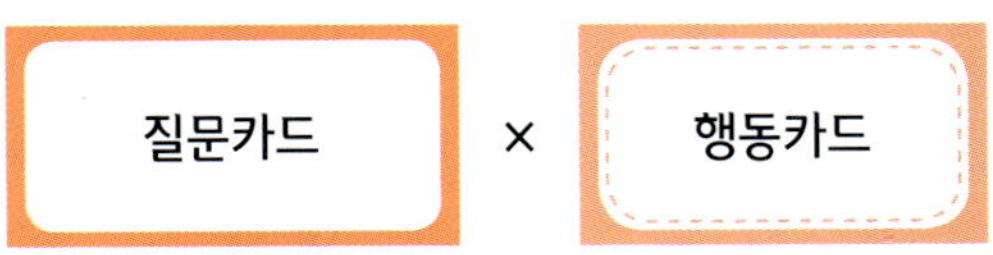

④ 경험의 수용

- 이야기의 장면과 관련된 자신의 경험 떠올리기
- 이야기 요약하기
  - 친구와 내기를 해 본 적이 있었나요? 있었다면 어떤 내기를 했나요?
  - 내기에서 졌을 때 기분이 어땠나요?
  - 다른 사람과 협력해서 놀이를 해 본 적 있나요?

질문카드 × 행동카드

⑤ 생각/느낌 나누기

- 이야기를 듣고 어떤 느낌이 드는지 이야기해 본다.
  - 매년 내기에서 지는 친구는 왜 지기만 했을까요?

질문카드 × 행동카드

(2) 2단계 융합단계

① 이해와 감상-이해를 위한 사전단계

- 주요 장면, 줄거리 요약 설명하기
- 인상적인 장면 선정하기(질문카드 활용)
  - 이 이야기에서 가장 인상에 남는 장면은 어떤 것인가요?
- 장면 선정 후 장면을 보고 생각나는 대로 이야기하기(브레인스토밍)

② 자의적 해석-이해단계

- 이야기를 생각나는 대로 포스트잇에 적는다.

③ 이야기 데이터 수집(마인드맵)-이야기 데이터 수집단계

- 이야기 주제 찾기: 마인드맵 활용
- 각 장면의 그림에서 특이한 점 찾기
- 장면의 사건/배경에 대해 이야기하기

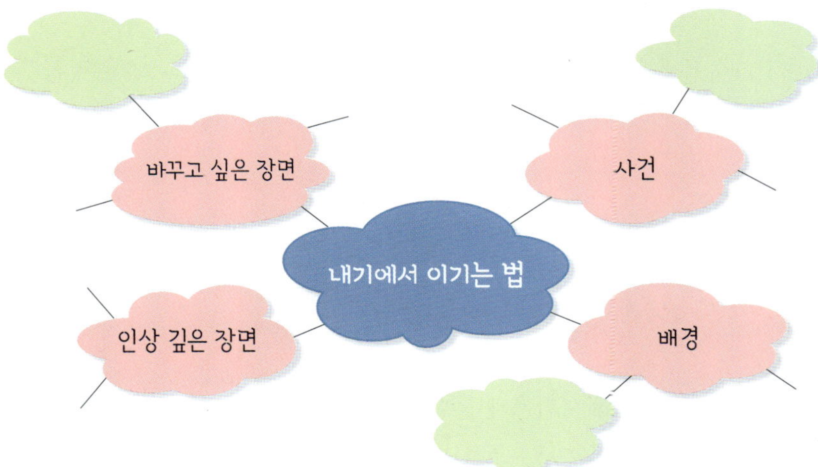

〈마인드맵〉

④ 재구성-코딩단계

- 부분을 다르게 재구성
- 인물, 배경을 바꿔서 재구성
- 사건을 다르게 재구성
- 이야기의 전후를 다르게 재구성
- 새로운 갈등 구조를 만들어 재구성
- 나의 경험에 빗대어 재구성

(3) 3단계 표현단계

① 결과물 기술방법에 대한 전략

- 주관적 스토리텔링을 통한 미디어 결과물

② 표현단계의 진행과정

① 표현카드의 내용에 따라 대본을 만든다.
② 대본을 만든 후 역할을 정한다.
③ 역할을 나누어 진행한다.
④ 진행하는 내용을 영상으로 촬영하거나 녹음한다.

예 〈표현카드〉 영상 촬영

영상 촬영

활동제목 협력 놀이 레시피 만들기

활동방법

① 비경쟁 협력 놀이 레시피를 만들어서 아이와 놀이한다.
협력 놀이는 아이의 의사소통 능력, 갈등해결 능력, 문제해결력 및 사회성을 길러 준다.
② 제목도 만들고 놀이 방법을 그림으로 그리거나 글로 써 본다.
③ 놀이를 만들고 기록하고 놀이하는 장면을 영상으로 찍어 본다.

날아라 공!

재료: 보자기 혹은 무릎담요, 공

① 보자기나 무릎담요 끝을 잡고 선다.
② 보자기 안에 공을 넣어서 튕긴다.
③ 높이 튕기는 목표 숫자를 정한다.
④ 놀이를 한다.

진행자: '날아라, 공!' 놀이를 하면서 느낀 점은 무엇인가요?

아이: ....

....

....

진행자: 이야기 속 친구들은 협력하지 않고 경쟁을 했는데 경쟁과 협력은 어떻게 다를까요? (좋은 점과 나쁜 점 이야기하기)

아이: ....

....

....

진행자: 협력 놀이를 하면서 더 즐거웠다고 했는데, 우리가 협력할 수 있는 놀이 방법을 만들어 봅시다. 어떤 놀이가 있을까요?(아이들이 그룹별로 협력하여 즐겁게 놀 수 있는 방법을 찾아보도록 유도한다. 개인 수업일 경우는 진행자와 아이 둘이서 의논한다.)

아이: ....

....

....

④ 아이들이 만든 놀이를 음식 레시피 만들 듯이 놀이 레시피를 만든다.
⑤ 놀이 레시피가 만들어지면 아이들과 함께 놀이를 해 보고 놀이 장면을 영상으로 촬영한다.
⑥ 촬영한 영상은 인터넷 사이트에 공유한다.

7) 공주가 자란 이유(창의 인성 덕목: 인내, 정직)

(1) 1단계 수용단계: 이야기 받아들이기

① 이야기 수용 준비

- 제목으로 이야기를 예측한다.
  - 어떤 이야기일까요?

② 이야기 들려주기

옛날 어느 나라에 자식이 없어 걱정이 많은 임금님이 있었어요. 임금님은 매일 정성스럽게 기도를 드렸지요.

"우리에게 예쁜 아기를 주십시오. 딸이든 아들이든 한 명만 주신다면 정성껏 잘 기르겠나이다."

임금님의 기도가 하늘에 닿았는지 며칠 후 왕비는 아기를 가졌고 열 달이 지나 예쁜 공주를 낳았어요. 궁궐에서는 사흘 밤낮으로 잔치가 열렸어요. 그런데 임금님이 욕심이 생겼지 뭐예요.

"여봐라, 이 나라에서 약을 가장 잘 짓는 의사를 데려오거라."

신하들은 임금님이 왜 약을 잘 짓는 의사를 데려오라는지 아무도 몰랐어요.

"임금님께서 왜 병을 잘 고치는 의사가 아니라 약을 잘 짓는 의사를 데려오라고 하시는 걸까? 우리 임금님은 알다가도 모를 분이야."

신하들은 궁금했지만 임금님이 시키는 일이니 온 나라를 구석구석 찾아다녀 결국 약을 가장 잘 짓는다고 소문이 난 의사를 임금님 앞에 데려왔어요.

"네가 이 나라에서 약을 제일 잘 짓는 의사인가?"

"네, 그러하옵니다. 그런데 무슨 일로 저를 부르셨습니까?"

"며칠 전 공주가 태어난 것은 알고 있겠지?"

"네, 알고 있습니다. 축하드립니다."

"그래서 말인데 공주가 너무 어리니, 난 공주가 빨리 자랐으면 좋겠다. 네가 공주가 빨리 자라는 약을 만들어 오너라."

의사는 임금님의 말이 어이가 없었어요. '빨리 자라는 약'이라니 세상에서 그런 약을 만드는 사람은 아무도 없었으니까요. 그러나 임금님에게 사실대로 말했다가는 큰일 날 게 분명하니 의사는 꾀를 냈어요.
"임금님 제가 만들어 오겠습니다. 그런데 저와의 약속은 무슨 일이 있어도 꼭 지키셔야 합니다."
"알겠다. 무슨 약속이냐?"
"그 약은 보통 약재로 만들 수 없으니, 약재료를 찾아 만들어 오는 데 시간이 걸릴 수 있습니다. 제가 약을 만들어 공주에게 먹이기 전까지 공주를 절대로 봐서는 안 됩니다. 이 약속을 꼭 지키셔야 합니다."
"알았느니라. 걱정하지 말고 약을 만들어 오너라."
의사는 임금님과 약속을 하고 약을 만들기 위해 길을 떠났어요. 그리고 임금님은 의사와의 약속을 잘 지키고 있었어요.
드디어 의사가 약을 만들어 궁궐에 돌아왔어요. 그리고 공주에게 약을 먹였지요.
"임금님, 이제 공주를 보셔도 됩니다."
임금님은 공주를 불렀어요.
"정말 훌륭하다. 공주가 이렇게 크다니 놀랍구나. 너는 정말 훌륭한 의사로다."
임금님은 의사에게 큰 상을 내렸어요. 그러나 백성과 신하들은 임금님의 어리석음을 비웃었어요. 왜냐하면, 의사가 12년 만에 돌아왔거든요.

- 이야기를 구연으로 들려준다.
  – 먼저 등장인물을 분석하고 등장인물의 음색을 표현해서 들려주면 좋다.

〈목소리 표현을 위한 등장인물 분석〉

- 임금님: 어리석지만 위엄이 있는 음색
- 의사:영리하고 느긋한 성격이며 인자한 음색

※ **참고:** 임금님, 의사의 목소리 연기를 통하여 이야기를 듣는 아이들이 임금님과 의사의 캐릭터를 상상할 수 있도록 한다.

③ 생각/느낌 더하기(감지적 자극)

- 주인공이나 등장인물 마음 되어 보기
- 자신의 생각이나 느낌 발표하기
- 작가의 의도 알아보기
  - 이 이야기를 듣고 임금님에게 하고 싶은 말은 무엇인가요?
  - 의사는 왜 거짓말을 했을까요? 과연 거짓말이 임금을 위한 일이었을까요?
  - 만약에 내가 의사라면 어떻게 할까요?

질문카드 × **행동카드**

④ 경험의 수용

- 이야기의 장면과 관련된 자신의 경험 떠올리기
- 이야기 요약하기
  - 순간을 피하기 위해 거짓말을 한 적이 있나요?
  - 그때의 기분은 어땠나요?

질문카드 × **행동카드**

⑤ 생각/느낌 나누기

- 이야기를 듣고 어떤 느낌이 드는지 이야기해 본다.
  - 정직하게 말하는 신하가 없었지요. 만약에 공주를 빨리 자라게 하는 약은 없다고 말하는 신하가 있었다면 어땠을까요?

질문카드 × 행동카드

(2) 2단계 융합단계

① 이해와 감상-이해를 위한 사전단계

- 주요 장면, 줄거리 요약 설명하기
- 인상적인 장면 선정하기(질문카드 활용)
  - 이 이야기에서 가장 인상에 남는 장면은 어떤 것인가요?
- 장면 선정 후 장면을 보고 생각나는 대로 이야기하기(브레인스토밍)

② 자의적 해석-이해단계

- 이야기를 생각나는 대로 포스트잇에 적는다.

③ 이야기 데이터 수집(마인드맵)-이야기 데이터 수집단계

- 이야기 주제 찾기: 마인드맵 활용
- 각 장면의 그림에서 특이한 점 찾기
- 장면의 사건/배경에 대해 이야기하기

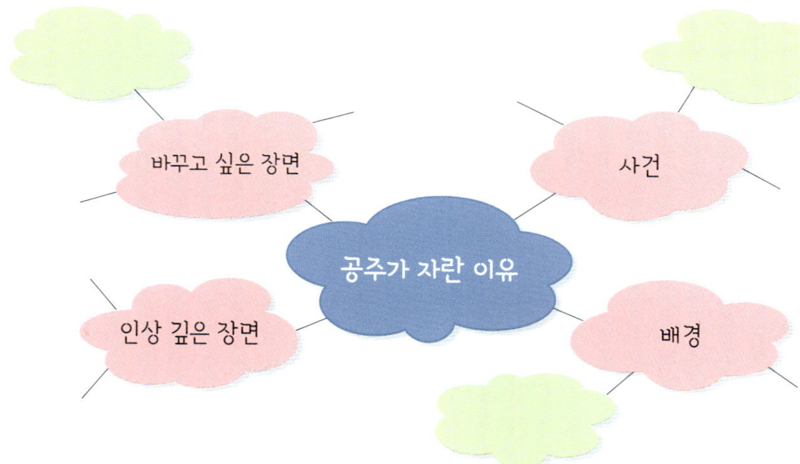

〈마인드맵〉

④ 재구성-코딩단계

- 부분을 다르게 재구성
- 인물, 배경을 바꿔서 재구성
- 사건을 다르게 재구성
- 이야기의 전후를 다르게 재구성
- 새로운 갈등 구조를 만들어 재구성
- 나의 경험에 빗대어 재구성

(3) 3단계 표현단계

① 결과물 기술방법에 대한 전략

- 객관적 사실을 통한 미디어 결과물

② 표현단계의 진행과정

① 표현카드의 내용에 따라 대본을 만든다.

② 대본을 만든 후 역할을 정한다.

③ 역할을 나누어 진행한다.

④ 진행하는 내용을 영상으로 촬영하거나 녹음한다.

예 〈표현카드〉 카드뉴스

카드뉴스

활동제목 카드뉴스 만들기

활동방법

① 카드뉴스에 대한 설명을 한다.

카드뉴스란?

카드뉴스는 전달하고자 하는 이야기를 사진 또는 그림과 간략한 글로 정리한 뉴스다. 이미지와 짧은 스토리를 한 장씩 넘기며 보는 방식으로 만들어서 스마트폰으로 보기 쉽다. 그래서 카드뉴스는 스마트폰 맞춤용 뉴스라 할 수 있다. 뉴스라고 하지만, 사실 뉴스뿐만 아니라 생활 정보나 사설 등을 SNS에 업로드하여 정보를 전달한다. 요즘에는 스마트폰 사용자가 많아지면서 이미지와 간단한 문구로 정보를 얻으려는 욕구가 많아져서 카드뉴스가 확산되고 있다.

② "아이의 TV 중독을 예방하려면" 카드뉴스를 아이와 함께 본다.(진행자가 자료를 복사를 하거나 영상으로 준비한다)

예시 자료 아이의 TV 중독을 예방하려면(「디지털타임스」 2019. 2. 26. 기사)

https://news.naver.com/main/hotissue/read.nhn?mid=hot&sid1=110&cid=1010805&iid=5144028&oid=029&aid=0002510804&ptype=02

③ '공주가 자란 이유' 카드뉴스 만들기

〈진행과정〉

Ⓐ 예시 자료를 본 후 이야기 코딩에서 나온 포스트잇의 내용을 종합해서 카드뉴스의 주제를 잡는다.

- 카드뉴스의 주제는 무엇인가요?

Ⓑ 카드뉴스를 보여 줄 대상을 정한다.

- 카드뉴스를 누가 보면 좋을까요?

Ⓒ 카드뉴스를 만드는 이유를 정한다.

- 카드뉴스를 왜 만들려고 하나요?

Ⓓ 카드뉴스의 내용을 설정한다.(스토리보드 만들기)

- 카드뉴스의 내용은 어떻게 만들까요?

순서	스토리	이미지
1		
2		
3		
4		

Ⓔ A4용지를 카드뉴스의 화면으로 한다. 기획이 끝나고 스토리보드가 완성되면 이야기를 만들고 그림을 그리거나 이미지를 찾아서 A4용지에 붙인다.

Ⓕ 이미지와 스토리를 여러 장의 카드로 만들어 연결한다.

Ⓖ 다 만든 후에 벽에 붙여서 친구들과 공유한다.

※ A4용지를 화면으로 사용했지만 더 진행하려면 인터넷에서 제공하는 카드뉴스 앱을 활용하여 만들어 본다.

8) 어리석은 왕(창의 인성 덕목: 소통, 비판적 사고력)

(1) 1단계 수용단계: 이야기 받아들이기

① 이야기 수용 준비

- 제목으로 이야기를 예측한다.
  - 어떤 이야기일까요?

② 이야기 들려주기

어느 궁궐에 세상에서 가장 달고 맛있는 열매를 맺는 아주 커다란 무화과나무가 있었어요. 임금님은 맛있는 무화과가 열리는 날만 손꼽아 기다렸어요. 드디어 무화과가 잘 익은 가을, 임금님은 신하를 불렀어요.
"여봐라, 너는 저 열매가 먹고 싶지 않느냐?"
"네, 저도 저 무화과를 꼭 먹고 싶습니다. 그러나 나무가 너무 커서 올라갈 수 없어 열매를 딸 수 없습니다."
"그래? 그럼 어떻게 하면 저 열매를 먹을 수 있을까?"
임금과 신하는 곰곰이 생각했어요. 그러다가 신하가 무릎을 탁 치면서 좋은 생각을 말했어요.
"임금님, 좋은 생각이 있습니다."
"그래, 어서 말해 보아라."
"네, 저 달고 맛있는 무화과를 먹으려면 나무를 자르면 됩니다. 나무를 잘라서 열매를 따고 다시 심으면 내년에 다시 열매를 얻을 수 있을 겁니다."
"아! 그렇군. 그거 좋은 생각이로구나. 어서 저 나무를 자르거라."
신하는 커다란 무화과나무를 자르기 시작했어요. 드디어 나무가 쿵! 하고 쓰러졌어요. 그런데 이게 웬일이에요. 나무가 쓰러지면서 열매가 땅으로 떨어져 모두 망가져 버렸지 뭐예요. 먹을 수 있는 열매가 하나도 없었어요.
"이런. 열매를 먹을 수가 없게 되었네. 여봐라, 어서 저 나무를 다시 세워 놓도록 하여라."
화가 난 임금님은 신하에게 나무를 다시 세우라고 호통을 쳤어요. 그러나 이미 쓰러진 나무는 다시 세울 수가 없었어요.
임금님과 신하는 맛있는 열매를 먹지도 못하고 죽어버린 무화과나무를 안타깝게 바라볼 뿐이었대요.

- 이야기를 구연으로 들려준다.
  – 먼저 등장인물을 분석하고 등장인물의 음색을 표현해서 들려주면 좋다.

〈목소리 표현을 위한 등장인물 분석〉

- 임금님: 어리석지만 힘이 있는 음색
- 신하: 바보같고 생각이 짧은 음색

※ **참고:** 이야기를 읽어 주는 교사나 부모가 캐릭터를 다양하게 표현해서 읽어 준다.

③ 생각/느낌 더하기(감지적 자극)

- 주인공이나 등장인물 마음 되어 보기
- 자신의 생각이나 느낌 발표하기
- 작가의 의도 알아보기
  - 높은 나무에 달려 있는 무화과를 딸 수 있는 방법은 무엇일까요?
  - 임금님은 왜 한 사람의 이야기만 들었을까요?
  - 임금님이 다른 신하의 의견을 들었다면 다른 사람들은 어떤 이야기를 해 줄 수 있었을까요?
  - 만약 내가 이야기 속의 궁궐에 들어가서 임금님을 만난다면 임금님께 하고 싶은 말은 무엇인가요?

질문카드 × 행동카드

④ 경험의 수용

- 이야기의 장면과 관련된 자신의 경험 떠올리기
- 이야기 요약하기

질문카드 × 행동카드

⑤ 생각/느낌 나누기

- 이야기를 듣고 어떤 느낌이 드는지 이야기해 본다.

질문카드 × 행동카드

- 정지 장면 만들기

※ 이야기를 그림으로 그리기(전체 이야기를 하나의 장면으로 표현한다.)

(2) 2단계 융합단계

① 이해와 감상-이해를 위한 사전단계

- 주요 장면, 줄거리 요약 설명하기
- 인상적인 장면 선정하기(질문카드 활용)
  - 이 이야기에서 가장 인상에 남는 장면은 어떤 것인가요?
- 장면 선정 후 장면을 보고 생각나는 대로 이야기하기(브레인스토밍)

② 자의적 해석-이해단계

- 이야기를 생각나는 대로 포스트잇에 적는다.

③ 이야기 데이터 수집(마인드맵)-이야기 데이터 수집단계

- 이야기 주제 찾기: 마인드맵 활용
- 각 장면의 그림에서 특이한 점 찾기
- 장면의 사건/배경에 대해 이야기하기

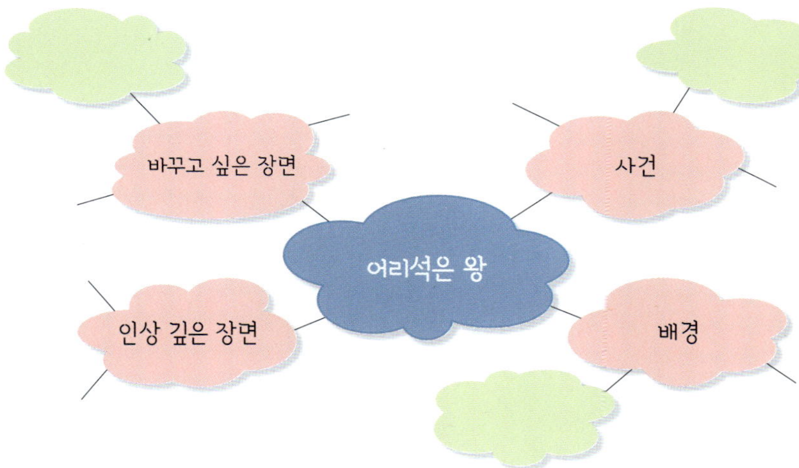

〈마인드맵〉

④ 재구성-코딩단계

- 부분을 다르게 재구성
- 인물, 배경을 바꿔서 재구성
- 사건을 다르게 재구성
- 이야기의 전후를 다르게 재구성
- 새로운 갈등 구조를 만들어 재구성
- 나의 경험에 빗대어 재구성
- 전체 이야기를 어떻게 한 장면으로 표현할 수 있을까요?(이야기 포스터)
  - 그림을 그린 후 이야기는 인물의 말을 통하여 전달하거나 해설로 쓴다.

※ 이야기를 그림으로 그리기(전체 이야기를 하나의 장면으로 표현한다.)

(3) 3단계 표현단계

① 결과물 기술방법에 대한 전략

- 객관적 사실을 통한 미디어 결과물

② 표현단계의 진행과정

① 표현카드의 내용에 따라 대본을 만든다.

② 대본을 만든 후 역할을 정한다.

③ 역할을 나누어 진행한다.

④ 진행하는 내용을 영상으로 촬영하거나 녹음한다.

예 〈표현카드〉 가상뉴스

가상뉴스

활동제목 뉴스 만들기

활동방법

① 아이는 기자가 되고 진행자는 신하가 되어 역할극을 한다.

아나운서: ㅇㅇ 왕국 궁궐에서 소중한 무화과나무가 잘렸습니다. 왜 무화과나무가 잘렸는지 궁궐에 나가 있는 ________ 기자를 불러 보겠습니다.

진행자(기자): 네, ________ 기자입니다. 이곳 ㅇㅇ 왕국 궁궐어 열매가 주렁주렁 달린 무화과나무가 쓰러져 있는데요. 신하를 만나보겠습니다.
안녕하세요. 무화과나무가 왜 쓰러져 있나요?

아이(신하): ....

....

진행자(기자): 나무를 자르자고 의견을 내셨는데 왜 나무를 자를 생각을 하셨나요?

아이(신하): ....

....

진행자(기자): 임금님도 동의를 하고 나무를 잘랐는데 임금님이 화를 내셨잖아요. 기분이 어땠나요?

아이(신하): ....

....

진행자(기자): 네, 신하의 이야기를 들어 봤는데요. 이제 이 궁궐에서 맛있는 무화과는 맛볼 수 없을 것 같습니다.

아나운서: 네, 잘 들었습니다. ________ 뉴스를 마치겠습니다.

② 아이와 함께 뉴스 스크립트를 만들어 본다.

③ 녹음해서 들어 본다.

9) 할머니와 떡(창의 인성 덕목: 배려, 소통)

(1) 1단계 수용단계: 이야기 받아들이기

① 이야기 수용 준비

- 제목으로 이야기를 예측한다.
  - 어떤 이야기일까요?

② 이야기 들려주기

옛날에 아주 행복하게 살고 있는 부부가 있었어요. 이 부부는 내기를 무척 좋아했어요. 조그마한 일을 할 때도 내기를 해서 결정하곤 했지요.
어느 날, 할머니가 잔칫집에서 떡 세 개를 얻어왔어요.
"영감, 떡이 세 개 있으니 똑같이 나누어 먹읍시다."
"그러시구려. 우선 하나씩 먹고 그리고 나머지 한 개는…. 어떤 내기를 할까?"
나머지 한 개의 떡을 어떻게 할까 고민하다가 할아버지가 무릎을 탁 쳤어요.
"옳거니! 할멈, 떡 한 개는 말을 하지 않고 오래 참는 사람이 먹는 게 어떻겠소?"
"좋은 생각이네요. 그럼, 말을 먼저 하는 사람이 지는 거예요."
"그럼, 당연하지. 이제부터 시작합시다."
장난삼아 시작한 내기는 시간이 지날수록 부부의 승부욕으로 바뀌기 시작했어요.
'저 떡은 내가 꼭 먹고 말 거야. 흐흐흐'
할아버지는 떡 먹을 생각을 하며 침을 꼴깍 삼켰어요.
그때였어요. 도둑이 살그머니 부부가 있는 방으로 들어왔어요.
'아이코, 사람이 있었네. 다시 나갈까?'
도둑은 황급히 방문을 열고 나가려다가 뒤를 휙 돌아봤어요. 그런데 부부는 꼼짝도 하지 않고 그대로 있는 게 아니겠어요.
"어어, 여보시오."
도둑이 말을 걸었지만 부부는 한마디도 하지 않았어요.
"거참, 희한한 일이네. 움직이지도 않고 말도 하지 않다니. 여기 있는 물건들은 내가 다 가져가야겠군. 오늘은 횡재한 날이야!"

도둑은 방 안에 있는 물건들을 모두 자루에 담기 시작했어요. 그리고 할머니의 손가락에 있는 반지를 보았지요.
"저 반지도 내가 가져가야겠다!"
도둑은 할머니의 손에 있는 반지를 빼려고 할머니 손을 덥석 잡았어요. 할머니는 깜짝 놀라 소리쳤어요.
"도둑이야! 도둑이야!"
그러나 할아버지는 멀뚱멀뚱 쳐다만 볼 뿐 아무 말도 하지 않았어요. 도둑은 훔친 물건을 가지고 도망가고 할머니가 화가 나서 소리쳤어요.
"떡 한 개 때문에 도둑을 보고도 가만히 있는 당신을 내가 어떻게 믿고 살아요?"
그러자 할아버지는 손뼉을 치면서 큰 소리로 웃었어요.
"하하하. 이 떡은 내 떡이다."

- 이야기를 구연으로 들려준다.
  - 먼저 등장인물을 분석하고 등장인물의 음색을 표현해서 들려주면 좋다.

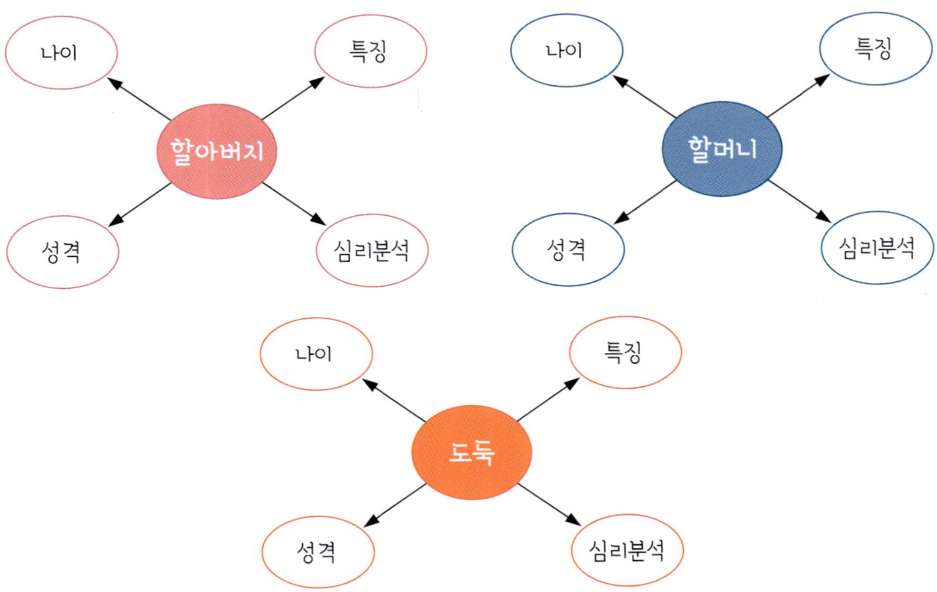

〈목소리 표현을 위한 등장인물 분석〉

- 할아버지: 욕심 많고 장난기도 있으며 어리석은 음색
- 할머니: 자기만 아는 할아버지 때문에 화가 나는 음색
- 도둑: 험상궂지만 겁도 많은 음색

※ **참고**: 할아버지 목소리는 아랫배에 힘을 주고 성대를 둥글게 열어서 살짝 눌러 준다. 할머니 목소리는 성대를 살짝 누르고 아랫배에 힘을 준다. 할머니, 할아버지 목소리는 배꼽 아래 단전에 힘을 주면서 소리를 내야 한다. 목에 힘이 들어가면 절대로 안 된다. 성대를 다칠 수 있으니 주의한다.

③ 생각/느낌 더하기(감지적 자극)

- 주인공이나 등장인물 마음 되어 보기
- 자신의 생각이나 느낌 발표하기
- 작가의 의도 알아보기
  - 만약, 내가 동생과 세 개의 떡을 나누어 먹어야 한다면 어떻게 할까요? (공평하게 나눌 수도 있고, 남은 떡을 양보할 수도 있다. 최대한 다양한 방법을 이야기한다.)

질문카드 × 행동카드

④ 경험의 수용

- 이야기의 장면과 관련된 자신의 경험 떠올리기
- 이야기 요약하기
  - 말을 안 해서 혼났거나 곤란했던 일이 있었나요? 언제인가요?

질문카드 × 행동카드

⑤ 생각/느낌 나누기

- 이야기를 듣고 어떤 느낌이 드는지 이야기해 본다.

질문카드 × 행동카드

(2) 2단계 융합단계

① 이해와 감상-이해를 위한 사전단계

- 주요 장면, 줄거리 요약 설명하기
- 인상적인 장면 선정하기(질문카드 활용)
  – 이 이야기에서 가장 인상에 남는 장면은 어떤 것인가요?
- 장면 선정 후 장면을 보고 생각나는 대로 이야기하기(브레인스토밍)
- 인물의 감정 곡선 따라가기(행동카드 활용)

② 자의적 해석-이해단계

- 이야기를 생각나는 대로 포스트잇에 적는다.

③ 이야기 데이터 수집(마인드맵)-이야기 데이터 수집단계

- 이야기 주제 찾기: 마인드맵 활용
- 각 장면의 그림에서 특이한 점 찾기
- 장면의 사건/배경에 대해 이야기하기

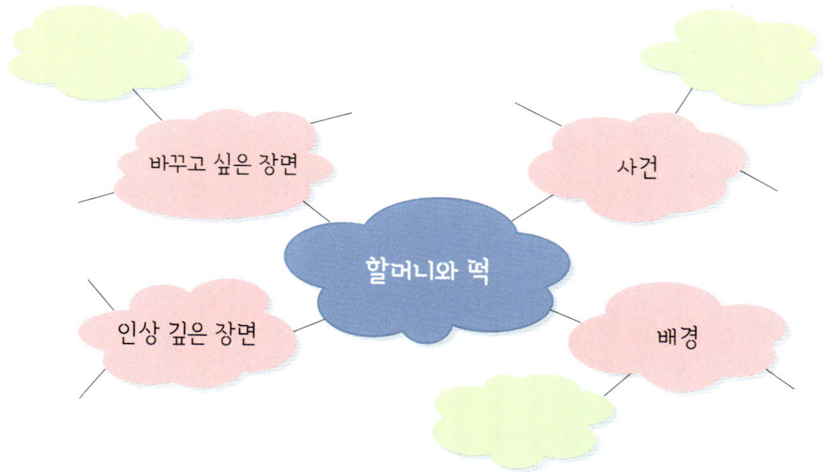

〈마인드맵〉

④ 재구성-코딩단계

- 부분을 다르게 재구성
- 인물, 배경을 바꿔서 재구성
- 사건을 다르게 재구성
- 이야기의 전후를 다르게 재구성
- 새로운 갈등 구조를 만들어 재구성
- 나의 경험에 빗대어 재구성
  - 할머니와 할아버지가 한 게임은 '말하지 않기' 게임이다. 친구와 함께 말하지 않기 게임을 해 본다.
  - '말하지 않기' 게임을 한 후 느낀 점을 말한다.
  - 만약, 게임을 만든다면 어떤 게임을 만들 수 있을까요?(아이들이 생각하는 게임 방법을 포스트잇에 적어 둔다.)

(3) 3단계 표현단계

① 결과물 기술방법에 대한 전략

- 객관적 사실을 통한 미디어 결과물

② 표현단계의 진행과정

① 표현카드의 내용에 따라 대본을 만든다.

② 대본을 만든 후 역할을 정한다.

③ 역할을 나누어 진행한다.

④ 진행하는 내용을 영상으로 촬영하거나 녹음한다.

예 〈표현카드〉 게임 만들기

게임 만들기

활동제목 게임 만들기

활동방법

① 게임 스토리 만들기

– 2단계에서 만든 이야기 데이터를 활용해서 아이들이 만들고 싶어 하는 게임 스토리를 그림으로 그린다.(개인별로 그리기)

※ 내가 상상하는 게임 스토리(그림으로 표현한다.)

② 개인으로 그린 스토리를 모둠에서 모아 하나의 게임 규칙으로 만든다.

③ 규칙이 정해지면 모둠별로 발표하고 게임을 한다.

④ 게임을 한 후 평가하고 수정한다.

게임 이름	내용
만든 사람	모둠의 인원을 모두 적는다.
게임 규칙	예) 눈감고 소리를 듣고 물건 이름을 맞힌다. 웃긴 이야기를 하고 먼저 웃지 않는 사람이 이긴다. 소리를 끊지 않고 길게 내는 사람이 이긴다. ☞ 아이들의 아이디어를 충분히 들어 준다.

10) 원숭이의 선택(창의 인성 덕목: 선택의 중요성)

(1) 1단계 수용단계: 이야기 받아들이기

① 이야기 수용 준비

- 제목으로 이야기를 예측한다.
  - 어떤 이야기일까요?

② 이야기 들려주기

깊은 산속 꼬마 원숭이는 매일 이 나무 저 나무 옮겨 다니며 신나게 놀았어요. 그러다가 쿵 떨어지기도 했지요. 꼬마 원숭이는 그래도 신이 났어요. 숲속은 정말 멋진 곳이니까요. 한참을 돌아다니던 꼬마 원숭이는 배가 무척 고팠어요.
"어디 먹을 게 없을까?"
곰곰이 생각하던 꼬마 원숭이는 며칠 전에 본 콩밭이 생각났어요.
"흐흐흐. 역시 난 똑똑하다니까."
꼬마 원숭이는 마을 근처 콩밭으로 달려갔어요.
"와, 맛있는 콩을 많이 따서 숲으로 돌아가야지."
꼬마 원숭이는 두 손 가득 콩을 땄어요. 그리고 노래를 부르며 신나게 걸어갔지요. 그러다 그만 콩 한 알을 툭 떨어뜨리고 말았어요.
"어어. 내 콩 한 알!"
콩은 떼구루루 굴러 풀 속으로 쏘옥 들어갔어요.
"어~! 어떡하지?"
꼬마 원숭이는 두 손에 들고 있던 콩을 모두 바닥에 휙 던져 버리고 콩 한 알을 찾기 시작했지요.
"찾았다. 여기 있었네."
꼬마 원숭이는 콩 한 알을 들고 신나게 숲으로 돌아갔어요.
얼마 후 참새가 포르르 날아왔어요.
"야~ 콩이다. 누가 여기 버렸지? 얘들아, 여기 콩이 있어!"
참새는 친구들을 불렀어요.

"와! 맛있는 콩이다."
참새와 두더지 그리고 숲속 친구들이 모두 모여 콩을 나누어 먹기 시작했어요. 멀리서 이 모습을 지켜보던 꼬마 원숭이가 헐레벌떡 달려왔어요.
"헉헉헉. 그 콩 내 거야."
"뭐라고? 네 거라니? 여기 있던 거야."
"아니야. 내가 콩 한 알 찾으려고 버린 거야."
"하하하. 콩 한 알 때문에 많은 것을 버렸다고?"
"네가 버렸으니까 이 콩은 네 것이 아니야."
"그래. 넌 콩 한 알을 가져갔으니까 이건 우리가 나누어 먹을 거야."
꼬마 원숭이는 숲속 친구들의 말에 얼굴이 빨개져서 아무 말도 하지 못했답니다.

- 이야기를 구연으로 들려준다.
  - 먼저 등장인물을 분석하고 등장인물의 음색을 표현해서 들려주면 좋다.

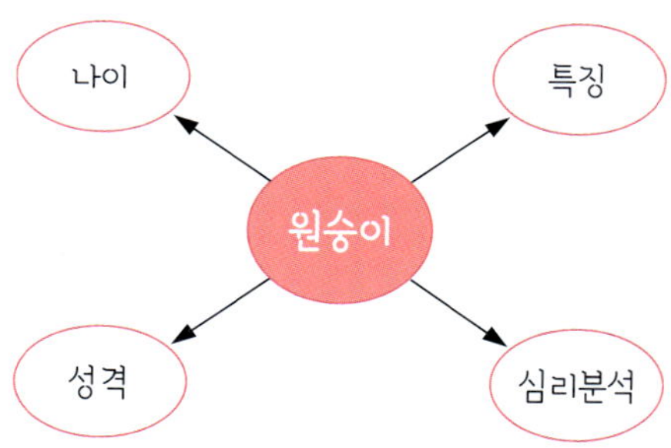

〈목소리 표현을 위한 등장인물 분석〉

- 원숭이: 욕심 낳고 어리석은 아이의 음색

③ 생각/느낌 더하기(감지적 자극)

- 주인공이나 등장인물 마음 되어 보기
- 자신의 생각이나 느낌 발표하기

- 작가의 의도 알아보기
  - 원숭이의 행동을 보고 어떤 느낌이 드나요?
  - 내가 작가라면 원숭이를 어떻게 표현하고 싶나요?
  - 동물들이 콩을 모두 먹어 버렸을 때 원숭이의 기분은 어땠을까요?
  - 이야기 중에 가장 기억에 남는 장면은? 왜 그렇게 생각하나요?

질문카드 × 행동카드

④ 경험의 수용

- 이야기의 장면과 관련된 자신의 경험 떠올리기
- 이야기 요약하기

질문카드 × 행동카드

⑤ 생각/느낌 나누기

- 이야기를 듣고 어떤 느낌이 드는지 이야기해 본다.
  - 콩 한 알을 떨어뜨렸을 때 나라면 콩을 어떻게 찾았을까요?(원숭이처럼 많은 콩을 버렸을까요? 콩 한 알을 포기하고 많은 콩을 선택했을까요?)
  - 만약, 내가 콩 한 알을 선택했다면 왜 한 알을 선택했는지 합당한 이유를 만들어 본다.(선택한 것에 대한 후회 만들지 않기: 긍정의 힘 키우기)

질문카드 × 행동카드

(2) 2단계 융합단계

① 이해와 감상-이해를 위한 사전단계

- 주요 장면, 줄거리 요약 설명하기
- 인상적인 장면 선정하기(질문카드 활용)

  – 이 이야기에서 가장 인상에 남는 장면은 어떤 것인가요?
- 장면 선정 후 장면을 보고 생각나는 대로 이야기하기(브레인스토밍)

② 자의적 해석-이해단계

- 이야기를 생각나는 대로 포스트잇에 적는다.

③ 이야기 데이터 수집(마인드맵)-이야기 데이터 수집단계

- 이야기 주제 찾기: 마인드맵 활용
- 각 장면의 그림에서 특이한 점 찾기
- 장면의 사건/배경에 대해 이야기하기

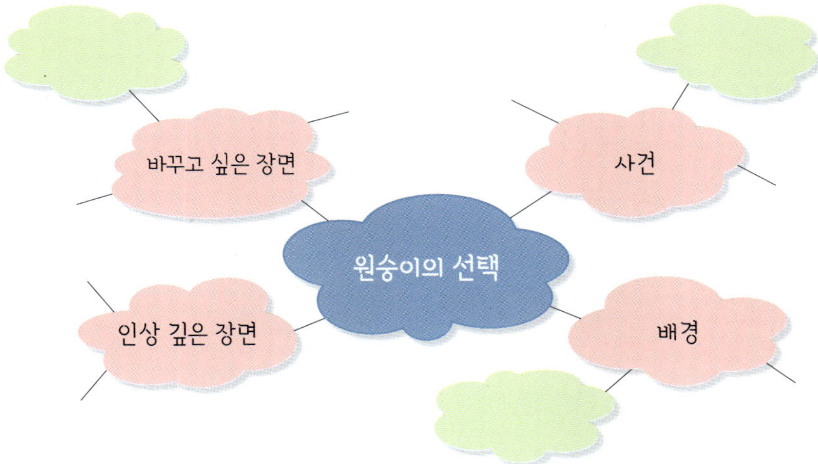

〈마인드맵〉

④ 재구성-코딩단계

- 부분을 다르게 재구성
- 인물, 배경을 바꿔서 재구성
- 사건을 다르게 재구성
- 이야기의 전후를 다르게 재구성
- 새로운 갈등 구조를 만들어 재구성
- 나의 경험에 빗대어 재구성

(3) 3단계 표현단계

① 결과물 기술방법에 대한 전략

- 객관적 사실을 통한 미디어 결과물

② 표현단계의 진행과정

① 표현카드의 내용에 따라 대본을 만든다.

② 대본을 만든 후 역할을 정한다.

③ 역할을 나누어 진행한다.

④ 진행하는 내용을 영상으로 촬영하거나 녹음한다.

예 〈표현카드〉 영상 촬영

영상 촬영

활동제목 꼬리 따기 놀이(모둠활동)

활동방법

① 원숭이 엉덩이는 빨개, 빨간 것은 사과, 사과는 맛있어… 꼬리 따기 놀이를 한다.

② "원숭이 엉덩이는 빨개"에서 시작하여 다음에 나오는 "빨간 것은 ○○○", "○○○은 ○○○"으로 이야기를 계속 만들어 간다.

- 원숭이 엉덩이는 빨개, 빨간 것은 (토마토), 토마토는 (동그랗다) 동그란 것은 (달님) 달님은 …
- 원숭이 엉덩이는 빨개, 빨간 것은 (석류) 석류는 (알이 많아) …

③ 꼬리 따기 내용을 그림으로 그리고 오린다.

④ 그림으로 그리거나 다양한 오브제를 활용하여 배경을 만들고 오린 그림을 배치하여 이야기에 맞는 상황을 연출한다.

⑤ 이야기를 그림으로 표현한 것을 사진으로 찍는다.

⑥ 사진을 영상으로 만든다.(영상편집기 사용)

⑦ 모둠에서 아이들이 함께 녹음하여 영상에 오디오를 삽입한다. 이때 배경음이나 효과음도 함께 삽입한다.

※ 영상편집: 무비메이커 등 다양한 편집기 활용.
오디오편집기 오다시티(Audacity)를 활용한다.

11) 길을 줄여 준 임금(창의 인성 덕목: 용기, 인권)

(1) 1단계 수용단계: 이야기 받아들이기

① 이야기 수용 준비

- 제목으로 이야기를 예측한다.
  - 어떤 이야기일까요?

② 이야기 들려주기

어떤 마을에 아주 물맛이 좋고 신비한 우물이 있었어요. 임금님은 마을 사람들에게 매일 이 물을 가져오라고 명령했지요. 그런데 이 마을은 임금님이 있는 왕궁에서 이백 리나 떨어진 아주 먼 곳에 있었대요. 마을 사람들은 임금님의 명령이라 어쩔 수 없이 매일 먼 길을 걸어 왕궁으로 물을 날랐어요. 얼마나 먼지 왕궁에 한 번 다녀오면 사흘 밤낮으로 끙끙 앓아누웠지 뭐예요. 그래도 마을 사람들은 임금님 말은 무조건 믿고 따랐기 때문에 아무 말 없이 1년을 마을에서 왕궁으로 물을 날랐어요. 힘들고 하기 싫었는데도 말이에요.

그러던 어느 날, 마을에서 가장 젊은 청년이 말했어요.

"난 너무 힘들어 이제 더 이상 왕궁으로 물을 가져갈 수가 없습니다. 이 마을을 떠나겠습니다."

"나도 마을을 떠나겠소."

마을 사람들은 청년의 말에 너도 나도 할 것 없이 모두 짐을 챙기기 시작했어요.

청년이 마을 사람들에게 용기를 준 셈이죠.

"아니, 이러지들 마시오. 지금까지 잘 하지 않았소."

"이젠 모두 지쳤습니다. 멀고 먼 왕궁까지 가기엔 모두 힘이 빠져버렸습니다."

"그럼, 내가 임금님께 부탁을 할 테니 나를 믿고 기다리시오."

촌장은 마을 사람들을 달래고 왕궁으로 달려갔어요.

"임금님, 왕궁까지 길이 너무 멀어 물을 매일 가져오는 게 힘들고 지쳐 사람들이 모두 마을을 떠나려고 합니다."

"그래? 그럼 내가 길을 줄여 줄 테니 사람들에게 길이 줄었다고 말하여라."

촌장은 마을로 돌아와 임금님의 이야기를 사람들에게 전했어요.

"여러분, 임금님께서 이백 리 길을 반으로 줄여 주셨습니다. 이제 여러분은 힘들이지 않고 물을 왕궁으로 나를 수 있게 됐습니다."
마을 사람들은 모두 이 말을 믿었어요. 그래서 매일 우물의 물을 왕궁으로 날랐지요. 임금님의 말을 믿었기 때문에 더 이상 불평도 하지 않고 말이에요. 그런데 어떻게 길을 줄일 수 있었을까요? 임금님은 마을 입구에 있는 표지판을 고쳤대요. '여기서 왕궁까지 이백 리'를, '여기서 왕궁까지 일백 리' 이렇게요.

- 이야기를 구연으로 들려준다.
  - 먼저 등장인물을 분석하고 등장인물의 음색을 표현해서 들려주면 좋다.

〈목소리 표현을 위한 등장인물 분석〉

- 임금님: 영리하고 위엄 있는 음색
- 청년: 똑똑하지만 마음이 여린 음색

③ 생각/느낌 더하기(감지적 자극)

- 주인공이나 등장인물 마음 되어 보기
- 자신의 생각이나 느낌 발표하기
- 작가의 의도 알아보기
  - 마을을 떠나겠다고 한 청년은 어떤 마음이었을까요?(솔직하게 말하는 것도 용기다.)

– 거리는 줄어들지 않았는데 마을 사람들은 왜 불평 없이 물을 계속 날랐을까요? 나라면 어떻게 했을까요?

– 임금님은 거리를 줄이지 않고 말만 바꿨는데 왜 그랬을까요? 이렇게 한 것이 옳은 일일까요?

– 임금님이 말이 아닌 정말 길을 줄여 줄 수 있는 방법은 무엇이 있을까요?

질문카드 × 행동카드

④ 경험의 수용

- 이야기의 장면과 관련된 자신의 경험 떠올리기
- 이야기 요약하기

질문카드 × 행동카드

⑤ 생각/느낌 나누기

- 이야기를 듣고 어떤 느낌이 드는지 이야기해 본다.
  – 제목을 바꾼다면 어떻게 바꾸고 싶나요?

질문카드 × 행동카드

(2) 2단계 융합단계

① 이해와 감상-이해를 위한 사전단계

- 주요 장면, 줄거리 요약 설명하기
- 인상적인 장면 선정하기(질문카드 활용)

– 이 이야기에서 가장 인상에 남는 장면은 어떤 것인가요?

- 장면 선정 후 장면을 보고 생각나는 대로 이야기하기(브레인스토밍)

② 자의적 해석-이해단계

- 이야기를 생각나는 대로 포스트잇에 적는다.

③ 이야기 데이터 수집(마인드맵)-이야기 데이터 수집단계

- 이야기 주제 찾기: 마인드맵 활용
- 각 장면의 그림에서 특이한 점 찾기
- 장면의 사건/배경에 대해 이야기하기

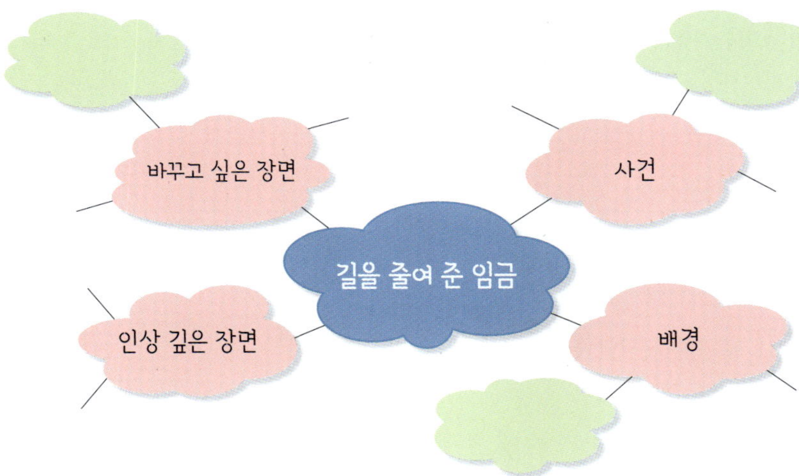

〈마인드맵〉

④ 재구성-코딩단계

- 부분을 다르게 재구성
- 인물, 배경을 바꿔서 재구성
- 사건을 다르게 재구성
- 이야기의 전후를 다르게 재구성
- 새로운 갈등 구조를 만들어 재구성
- 나의 경험에 빗대어 재구성

(3) 3단계 표현단계

① 결과물 기술방법에 대한 전략

- 객관적 사실을 통한 미디어 결과물

② 표현단계의 진행과정

① 표현카드의 내용에 따라 대본을 만든다.

② 대본을 만든 후 역할을 정한다.

③ 역할을 나누어 진행한다.

④ 진행하는 내용을 영상으로 촬영하거나 녹음한다.

예 〈표현카드〉 역할극

역할극

활동제목 토의하기(역할극)

활동방법

① 2단계에서 나눈 이야기 중에 주제를 하나 선택한다.

② 선택한 내용을 마을 회의에서 토의한다.

우물의 물을 효과적으로 나르기 위한 마을 회의

마을 사람들이 잘 할 수 있는 일을 함으로써 마을에 있는 우물물을 임금님께 효과적으로 전달할 수 있는 마을 회의가 열린다.

청년: 난 더 이상 물을 나를 수 없어요. 너무 힘들어서 이 마을을 떠나겠습니다.

촌장: 마을 회의를 통해 물을 잘 나를 수 있는 방법을 찾아봅시다. 모두 각자가 가지고 있는 능력이 다르니까 할 수 있는 방법을 이야기해 보세요.

주민 1: 나는 땅을 잘 파고 공사를 잘할 수 있으니까 왕궁까지 물을 운반할 수 있는 지하 통로를 만들면 좋을 것 같습니다.

주민 2: 저는 마차 운전을 잘하니까 마차를 이용해서 물을 나를 수 있으면 좋겠습니다. 마차가 잘 갈 수 있는 길을 만들어 주세요.

주민 3: 저는 ....

....

....

....

주민 4: 저는 ....

....

....

....

주민 5: 저는 말을 잘하니까 여러분이 하는 이야기를 임금님께 가서 임금님을 설득하겠습니다.

③ 아이들이 토의하는 장면을 영상으로 찍어서 아이들과 함께 감상한다.

세계인권선언 제23조

1. 모든 사람에게는 노동, 자유로운 직업 선택, 적절하고 알맞은 노동 조건, 실업에 대한 보호를 요구할 권리가 있다.
2. 모든 사람에게는 아무런 차별 없이 동일한 노동에 대해 동등한 보수를 요구할 권리가 있다.
3. 노동을 하는 모든 사람에게는 자신과 가족에게 인간의 존엄한 존재 가치를 보장하고, 필요한 경우에 여타의 사회적 보호 수단에 의해 보완되는 적절하고 알맞은 보수를 요구할 권리가 있다.
4. 모든 사람에게는 자신의 이익을 보호하기 위해 노동조합을 조직하고 참여할 수 있도록 요구할 권리가 있다.

출처: 세계인권선언문 제23조: 언제, 어디서나 존중받아야 하는 노동|작성자 국가인권위원회

<아동인권>

– 유엔아동권리협약 4대 기본권 –

- 생존권: 먹을 것, 입을 것, 살 집
- 발달권: 배우는 것
- 보호권: 사랑과 보호, 관심
- 참여권: 생각을 이야기하는 것

12) 장님의 등불(창의 인성 덕목: 배려, 존중)

(1) 1단계 수용단계: 이야기 받아들이기

① 이야기 수용 준비

- 제목으로 이야기를 예측한다.
  - 어떤 이야기일까요?

② 이야기 들려주기

한 나그네가 어두운 밤길을 걷고 있었어요. 바로 그때 등불을 들고 더듬더듬 걸어오고 있는 사람이 있었어요. 그 사람과 마주치고 보니 등불을 든 사람은 앞을 볼 수 없는 장님이었어요.
"아니! 당신은 앞을 볼 수 없는데 왜 등불을 들고 다닙니까?"
"이 등불은 나를 위한 것이 아니고 다른 사람을 위한 것이랍니다."
"그게 무슨 말입니까?"
"제가 어두운 길을 등불도 없이 걸으면 다른 사람들은 제가 장님인 걸 모르지요."
"아! 그렇군요. 그래야 다른 사람들이 당신을 보고 길을 비켜 주고 도와줄 수 있겠네요."
"네, 눈뜬 사람을 위해 여기 앞이 보이지 않는 사람이 걷고 있으니 조심하라고 알려 주는 것이지요."
나그네는 장님의 준비성과 조심성 있는 태도에 감탄했대요.

- 이야기를 구연으로 들려준다.
  - 먼저 등장인물을 분석하고 등장인물의 음색을 표현해서 들려주면 좋다.

〈목소리 표현을 위한 등장인물 분석〉

- 장님: 배려심이 깊고 친절한 음색
- 나그네: 점잖고 부드러운 음색

③ 생각/느낌 더하기(감지적 자극)

- 주인공이나 등장인물 마음 되어 보기
- 자신의 생각이나 느낌 발표하기
- 작가의 의도 알아보기
  - 부모님으로부터 받고 싶은 배려는 어떤 것이 있나요?

배려의 사전적 의미는 '다른 사람을 도와주거나 보살펴 주려고 마음을 쓰는 것'이라는 뜻이지만, 아이의 눈높이에서 그 의미를 생각해 보고 여러 가지 구체적인 예를 통하여 그 의미를 생각해 보는 것이 중요하다.

질문카드 × 행동카드

④ 경험의 수용

- 이야기의 장면과 관련된 자신의 경험 떠올리기
- 이야기 요약하기
  - 누구를 도와 준 적 있나요?(누구를 어떻게 도와주었는지 이야기해 본다.)

– 누가 나를 도와 준 적 있나요? 그 사람에게 어떤 말을 하고 싶나요?

질문카드 × 행동카드

⑤ 생각/느낌 나누기

- 이야기를 듣고 어떤 느낌이 드는지 이야기해 본다.

질문카드 × 행동카드

(2) 2단계 융합단계

① 이해와 감상-이해를 위한 사전단계

- 주요 장면, 줄거리 요약 설명하기
- 인상적인 장면 선정하기(질문카드 활용)
  – 이 이야기에서 가장 인상에 남는 장면은 어떤 것인가요?
- 장면 선정 후 장면을 보고 생각나는 대로 이야기하기(브레인스토밍)

② 자의적 해석-이해단계

- 이야기를 생각나는 대로 포스트잇에 적는다.

③ 이야기 데이터 수집(마인드맵)-이야기 데이터 수집단계

- 이야기 주제 찾기: 마인드맵 활용
- 각 장면의 그림에서 특이한 점 찾기
- 장면의 사건/배경에 대해 이야기하기

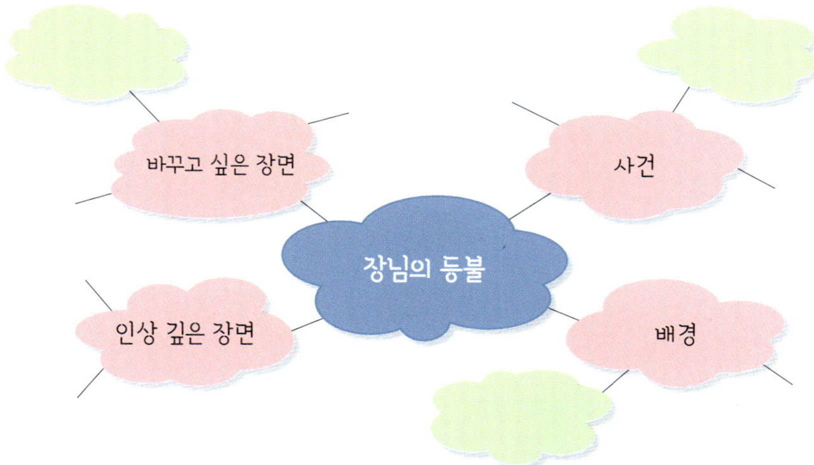

〈마인드맵〉

④ 재구성-코딩단계

- 부분을 다르게 재구성
- 인물, 배경을 바꿔서 재구성
- 사건을 다르게 재구성
- 이야기의 전후를 다르게 재구성
- 새로운 갈등 구조를 만들어 재구성
- 나의 경험에 빗대어 재구성

장님 되어 보기 게임

1. 게임 방법을 설명해 준다.
   - 두 명씩 짝을 이룬다.
   - 두 팀으로 나눈다.
   - 한 명은 안대를 쓰고 한 명은 손뼉을 쳐서 소리를 내 반환점을 돌아온다.
   - 먼저 들어오는 팀이 이긴다.
2. 게임 도중 어떤 것을 지켜야 안전할지에 대해 이야기 나눈다.
   - 안대를 쓴 친구가 지켜야 할 약속은 무엇일까요?
   - 손뼉을 치는 친구가 지켜야 할 약속은 무엇일까요?
3. 눈이 안 보이는 친구는 무엇이 불편할까요?
4. 눈이 보이지 않아도 잘 생활할 수 있는 방법에 대해 이야기 나눈다.

(3) 3단계 표현단계

① 결과물 기술방법에 대한 전략

- 주관적 스토리텔링을 통한 미디어 결과물

② 표현단계의 진행과정

① 표현카드의 내용에 따라 대본을 만든다.

② 대본을 만든 후 역할을 정한다.

③ 역할을 나누어 진행한다.

④ 진행하는 내용을 영상으로 촬영하거나 녹음한다.

예 〈표현카드〉 책 만들기(오디오북)

책 만들기
(오디오북)

활동제목 내가 만드는 그림책

활동방법

① 그림책『길 아저씨 손 아저씨』(권정생 / 2006)를 함께 읽는다.

– 그림책의 구조와 형태를 알아본다.

② 이야기 코딩에서 나온 말들을 재구성하여 나만의 그림책을 만든다.

나만의 그림책 만들기

– 이 그림책의 주인공은 누구일까요? 또 누가 등장할까요?

(2단계 이야기 코딩에서 아이가 한 이야기를 중심으로 등장인물을 만든다.)

– 그림책에 어떤 이야기를 담을까요?(얼개 짜기)

(이야기 코딩에서 나온 주제를 선택해서 이야기를 만든다.)

–이 그림책을 누가 읽으면 좋을까요?

(독자를 설정한다.)

③ 이야기에 맞도록 그림을 그리거나 콜라주 기법을 활용하여 이미지를 만든다.

④ 앞표지와 뒤표지에 정보를 넣는다.(제목, 지은이, 출판사 등)

⑤ 오디오북을 만든다.(녹음한 이야기를 QR코드로 만들기)

⑥ QR코드를 만든다.(QR코드 생성: http://qr.naver.com/)

13) 내가 가장 멋진 걸!(창의 인성 덕목: 자아존중감)

(1) 1단계 수용단계: 이야기 받아들이기

① 이야기 수용 준비

- 제목으로 이야기를 예측한다.
  - 어떤 이야기일까요?

② 이야기 들려주기

"빰빠라밤! 여러분, 오늘 이 숲속에서 가장 멋진 새를 뽑을 거예요. 자, 맘껏 뽐내 보세요."
황새 할아버지가 '멋쟁이 대회'를 알렸어요.
"내 깃털 좀 봐. 예쁜 꽃잎을 닮아 알록달록 아름답지?"
꿩이 깃털을 활짝 펴며 뽐냈어요.
"아니야, 내가 더 아름다워. 내 깃털은 아침 햇살처럼 밝고 빛이 나."
두루미도 하얀색 예쁜 깃털을 자랑했지요.
옆에서 이 모습을 지켜보던 까마귀도 멋쟁이 대회에 나가고 싶었어요.
"얘들아! 나도 대회에 나갈 거야."
"뭐라고? 너처럼 새까만 깃털로 멋쟁이 대회에 나간다고? 으하하."
"까마귀야. 너는 멋쟁이 대회에 나갈 수 없어. 우리처럼 아름다운 깃털을 가져야 나갈 수 있는 거야."
새들은 까마귀를 혼자 두고 가버렸어요.
"나도 멋쟁이 대회에 나가고 싶어. 이 까만 깃털을 바꿀 수 없을까?"
까마귀는 다른 새들이 떨어트리고 간 깃털을 보자 좋은 생각이라도 난 듯 싱긋 웃으며 중얼댔어요.
'그렇지, 예쁜 깃털을 모아 내 깃털에 꽂는 거야.'
"우와~ 멋있다. 이만하면 대회를 나가도 되겠어. 아무도 나를 알아보지 못할 거야."
까마귀가 길을 나서자, 다른 새들의 숙덕거리는 소리가 들렸어요.
"저 새 좀 봐. 우리 숲속에서 처음 보는 새야."

"나도 처음 봐. 알록달록 깃털이 정말 아름답다. 어디 사는지 물어볼까?"
까마귀는 다른 새들의 칭찬을 듣고 기분이 좋아졌어요.
그때 멋진 공작이 이상한 듯 큰 소리로 말했어요.
"어? 이상하다. 저 파란 깃털은 내가 떨어뜨린 게 틀림없어."
"맞아. 이 깃털은 내 거잖아. 이리 줘."
새들이 까마귀의 깃털에서 자기 깃털을 뽑아 가자 까마귀는 예전 모습대로 돌아왔어요.
"아휴~ 창피해. 그냥 내 모습대로 멋쟁이 대회에 나가도 되는데."
까마귀는 대회에 나온 새들을 보며 자기처럼 까맣고 윤기 있는 깃털을 가진 새는 자기밖에 없다는 걸 알게 됐어요.

- 이야기를 구연으로 들려준다.
  - 먼저 등장인물을 분석하고 등장인물의 음색을 표현해서 들려주면 좋다.

〈목소리 표현을 위한 등장인물 분석〉

- 까마귀: 자존감이 낮고 착한 음색
- 공작: 잘난 척 하는 가늘고 고운 음색

③ 생각/느낌 더하기(감지적 자극)

- 주인공이나 등장인물 마음 되어 보기
- 자신의 생각이나 느낌 발표하기
- 작가의 의도 알아보기
  - 까마귀의 고민 들어 주기
    - → 까마귀의 고민은 무엇인가요?
    - → 고민이 있는 까마귀의 기분은 어떤가요?
    - → 까마귀에게 어떤 말을 해 주고 싶나요?
    - → 내가 만약 까마귀라면 멋쟁이 대회에 나가기 위해 어떻게 했을까요?

질문카드 × 행동카드

④ 경험의 수용

- 이야기의 장면과 관련된 자신의 경험 떠올리기
- 이야기 요약하기

질문카드 × 행동카드

⑤ 생각/느낌 나누기

- 이야기를 듣고 어떤 느낌이 드는지 이야기해 본다.
  - 까마귀의 행동장면 분석: 까마귀는 멋쟁이 대회에 나가기 위해 다른 새들이 떨어뜨린 깃털을 몸에 붙였어요. 이렇게 행동한 까마귀의 마음은 어땠을까요?

질문카드 × 행동카드

(2) 2단계 융합단계

① 이해와 감상-이해를 위한 사전단계

- 주요 장면, 줄거리 요약 설명하기
- 인상적인 장면 선정하기(질문카드 활용)
  - 이 이야기에서 가장 인상에 남는 장면은 어떤 것인가요?
- 장면 선정 후 장면을 보고 생각나는 대로 이야기하기(브레인스토밍)
- 인물의 감정 곡선 따라가기(행동카드 활용)

② 자의적 해석-이해단계

- 이야기를 생각나는 대로 포스트잇에 적는다.

③ 이야기 데이터 수집(마인드맵)-이야기 데이터 수집단계

- 이야기 주제 찾기: 마인드맵 활용
- 각 장면의 그림에서 특이한 점 찾기
- 장면의 사건/배경에 대해 이야기하기

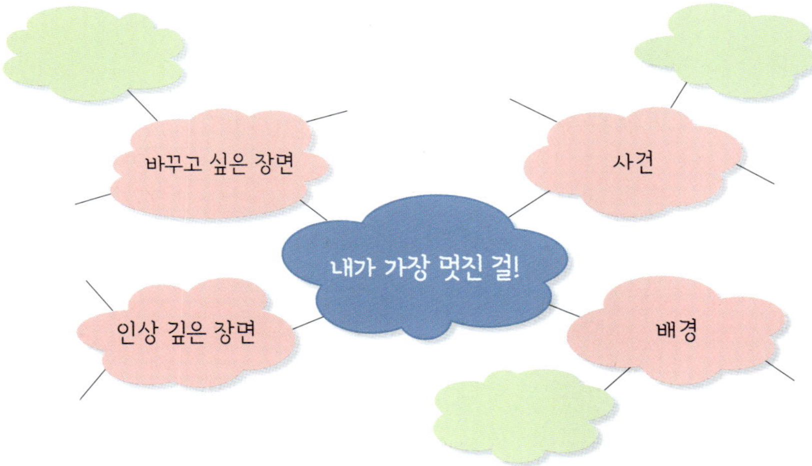

〈마인드맵〉

④ 재구성-코딩단계

- 부분을 다르게 재구성
- 인물, 배경을 바꿔서 재구성
- 사건을 다르게 재구성
- 이야기의 전후를 다르게 재구성
- 새로운 갈등 구조를 만들어 재구성
- 나의 경험에 빗대어 재구성

(3) 3단계 표현단계

① 결과물 기술방법에 대한 전략

- 객관적 사실을 통한 미디어 결과물

② 표현단계의 진행과정

① 표현카드의 내용에 따라 대본을 만든다.

② 대본을 만든 후 역할을 정한다.

③ 역할을 나누어 진행한다.

④ 진행하는 내용을 영상으로 촬영하거나 녹음한다.

예 〈표현카드〉 음악

음악

활동제목 랩으로 만드는 셀프 칭찬

활동방법

① 이야기 속 까마귀의 단점과 장점을 찾는다.

– 까마귀는 검은색 깃털이 단점이라고 생각해서 고민이었는데 자신의 윤기 나는 검은색 깃털이 가장 멋지다고 했어요. 까마귀처럼 나의 단점을 장점으로 바꿀 수 있는 것은 무엇이 있나요?

② 내가 생각하는 나의 단점은 무엇인가요?(포스트잇 1장에 단점 1가지씩 쓰기)

고집이 세다.		

③ 나의 단점을 장점으로 바꿔 보기

: 예) 고집이 세다 → 자기주장을 확실하게 표현한다.

④ 단점을 적은 포스트잇은 찢으면서 "괜찮아, 잘할 수 있어."라고 말한다.

⑤ 장점 10개를 쓰고 리듬을 붙여 랩으로 부르고 영상으로 촬영하여 인터넷에 업로드한다.

14) 버릇없는 오리(창의 인성 덕목: 예의)

(1) 1단계 수용단계: 이야기 받아들이기

① 이야기 수용 준비

- 제목으로 이야기를 예측한다.
  - 어떤 이야기일까요?

② 이야기 들려주기

연못가에 버릇없는 오리가 살았어요.
"오리야 어디 가니?"
"흥! 거위 아줌마, 남이야 어딜 가든 무슨 상관이에요."
버릇없는 오리는 고개를 꼿꼿이 세우고 걸어갔어요.
그 모습을 본 염소 할아버지가 화를 내셨지요.
"어허, 저런~ 어른을 보고 인사도 할 줄 모르다니."
하지만 오리는 못 들은 척 하늘을 보며 걸어갔어요.
그때였어요.
"으악~ 쿵, 아이고, 내 목이야~"
오리는 그만 돌부리에 걸려 부상을 입고 병원에 실려 갔어요.
"이제 목이 다 나을 때까지 고개를 숙이고 다녀야 합니다."
의사 선생님께서 말씀하셨지요.
다음 날, 오리는 거위 아줌마를 만났어요.
"거위 아줌마, 안녕하세요?"

"우리 오리가 인사를 참 잘하는구나."
거위 아줌마의 칭찬에 오리는 기분이 좋아졌어요.
그때부터 오리는 겸손하게 인사도 잘하는 착한 오리가 되었대요.

- 이야기를 구연으로 들려준다.
  - 먼저 등장인물을 분석하고 등장인물의 음색을 표현해서 들려주면 좋다.

〈목소리 표현을 위한 등장인물 분석〉

- 오리: 거만하고 심술이 많은 어린아이의 음색
- 거위 아줌마: 따뜻하고 부드러운 음색

③ 생각/느낌 더하기(감지적 자극)

- 주인공이나 등장인물 마음 되어 보기
- 자신의 생각이나 느낌 발표하기
- 작가의 의도 알아보기
  - 오리는 어른들에게 버릇없이 행동했어요. 왜 이런 행동을 했을까요?

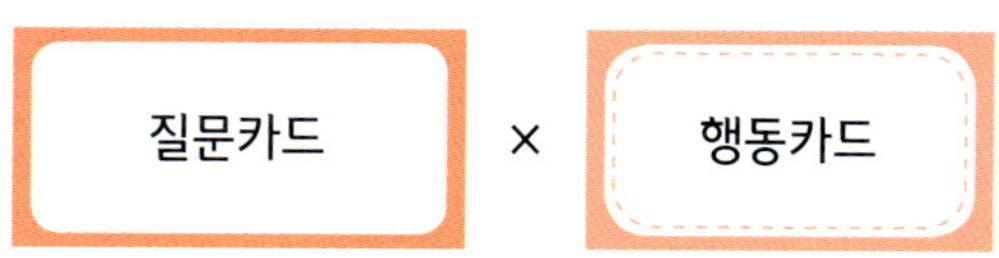

④ 경험의 수용

- 이야기의 장면과 관련된 자신의 경험 떠올리기
- 이야기 요약하기

질문카드 × 행동카드

⑤ 생각/느낌 나누기

- 이야기를 듣고 어떤 느낌이 드는지 이야기해 본다.

질문카드 × 행동카드

(2) 2단계 융합단계

① 이해와 감상-이해를 위한 사전단계

- 주요 장면, 줄거리 요약 설명하기
- 인상적인 장면 선정하기(질문카드 활용)
  - 이 이야기에서 가장 인상에 남는 장면은 어떤 것인가요?
- 장면 선정 후 장면을 보고 생각나는 대로 이야기하기(브레인스토밍)
- 인물의 감정 곡선 따라가기(행동카드 활용)

② 자의적 해석-이해단계

- 이야기를 생각나는 대로 포스트잇에 적는다.

③ 이야기 데이터 수집(마인드맵)-이야기 데이터 수집단계

- 이야기 주제 찾기: 마인드맵 활용
- 각 장면의 그림에서 특이한 점 찾기
- 장면의 사건/배경에 대해 이야기하기

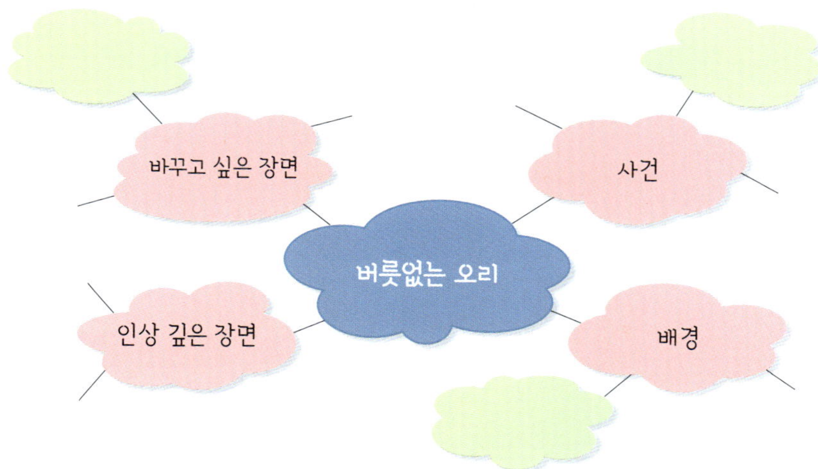

〈마인드맵〉

④ 재구성-코딩단계

- 부분을 다르게 재구성
- 인물, 배경을 바꿔서 재구성
- 사건을 다르게 재구성
- 이야기의 전후를 다르게 재구성
- 새로운 갈등 구조를 만들어 재구성
- 나의 경험에 빗대어 재구성

(3) 3단계 표현단계

① 결과물 기술방법에 대한 전략

- 주관적 스토리텔링을 통한 미디어 결과물

② 표현단계의 진행과정

① 표현카드의 내용에 따라 대본을 만든다.

② 대본을 만든 후 역할을 정한다.

③ 역할을 나누어 진행한다.

④ 진행하는 내용을 영상으로 촬영하거나 녹음한다.

예 〈표현카드〉 뮤직비디오

뮤직비디오

활동제목 인사 예절 뮤직비디오 만들기

활동방법

① 인터넷이나 잡지 등에서 예의를 지켜야 하는 장면을 찾는다.

② 장면에 맞는 인사말을 해 본다.

③ 다양한 장면의 그림을 보고 그 장면에 맞는 행동카드를 만든다.

〈상황에 맞는 인사 예절 행동카드 만들기〉

엘리베이터 안에서 할아버지를 만났을 때	친구를 만났을 때	유치원에 갈 때
....	친구야 안녕, 반가워.	엄마, 유치원 다녀오겠습니다.

④ 예절 행동카드의 내용을 노래 가사로 만든다.

유치원에 갈 때, 유치원에 갈 때 인사해, 인사해.
“엄마, 유치원 다녀오겠습니다.”
친구 만났을 때, 친구 만났을 때 인사해. 인사해.
“친구야, 안녕. 반가워.”
선생님 만났을 때, 선생님 만났을 때 인사해. 인사해.
“선생님 안녕하세요.”
할아버지 만났을 때, 할아버지 만났을 때 인사해, 인사해.
“　　　　　　　　　　　　　　　　　　　　　　”
집에 돌아와서, 집에 돌아와서 인사해. 인사해.
“유치원 다녀왔습니다.”

⑤ 노래에 맞는 율동을 만들어서 노래하고 율동한다.

⑥ 영상으로 촬영해서 친구들과 함께 본다.

※ 인사 예절뿐만 아니라 다양한 생활 상황에서 필요한 예절에 대해 이야기 나눈다.

15) 사자와 멧돼지의 싸움(창의 인성 덕목: 나눔, 협동, 용기)

(1) 1단계 수용단계: 이야기 받아들이기

① 이야기 수용 준비

- 제목으로 이야기를 예측한다.
  - 어떤 이야기일까요?

② 이야기 들려주기

점심을 먹고 난 사자는 목이 말랐어요.
"아~ 물이 마시고 싶구나."
가까운 곳에 냇물이 없어 멀리 산골짜기의 시냇물을 마시기로 했지요.
그런데 그 시냇물에는 멧돼지 한 마리가 미리 와서 물을 마시고 있는 거예요.
"아니! 버릇없이 동물의 왕인 나보다 먼저 마시려고 하다니, 저리 비켜라!"
사자는 멧돼지에게 버럭 큰소리를 쳤어요. 그러자 멧돼지도 화를 냈지요.
"내가 먼저 왔으니 내가 먼저 마시는 건 당연한 거야. 그러니 사자 넌 기다려라!"
"이 사자님보다 먼저 마시겠다고? 어디 혼나봐라."
사자는 멧돼지에게 달려들어 싸움을 시작했어요.
그때 나뭇가지 위에 있던 독수리가 큰 소리로 외쳤어요.
"하하~ 더 크게 싸워라. 너희들이 싸우다 지치면 내가 배부르게 잡아먹을 테다."
"뭐? 뭐라고? 배부르게 먹는다고?"
독수리의 말을 들은 사자와 멧돼지는 싸움을 멈추고 생각했어요.
"우리가 지치면 힘없는 우리를 잡아먹으려나 봐."
"그래, 우리가 서로 싸우다 상처를 입으면 독수리와 싸울 수 없으니까 독수리가 우리를 먹어 치우겠다는 거야?"
사자와 멧돼지는 싸움을 멈추고 사이좋게 물을 나눠 마시기로 했어요.
"사자야! 우리가 독수리에게 잡아먹힐 뻔했어."
"그래, 멧돼지야! 이렇게 사이좋게 물을 마시니 물도 맛있는 것 같아."
사자와 멧돼지는 사이좋게 지내는 것이 더 좋은 걸 알게 되었어요.

- 이야기를 구연으로 들려준다.
  - 먼저 등장인물을 분석하고 등장인물의 음색을 표현해서 들려주면 좋다.

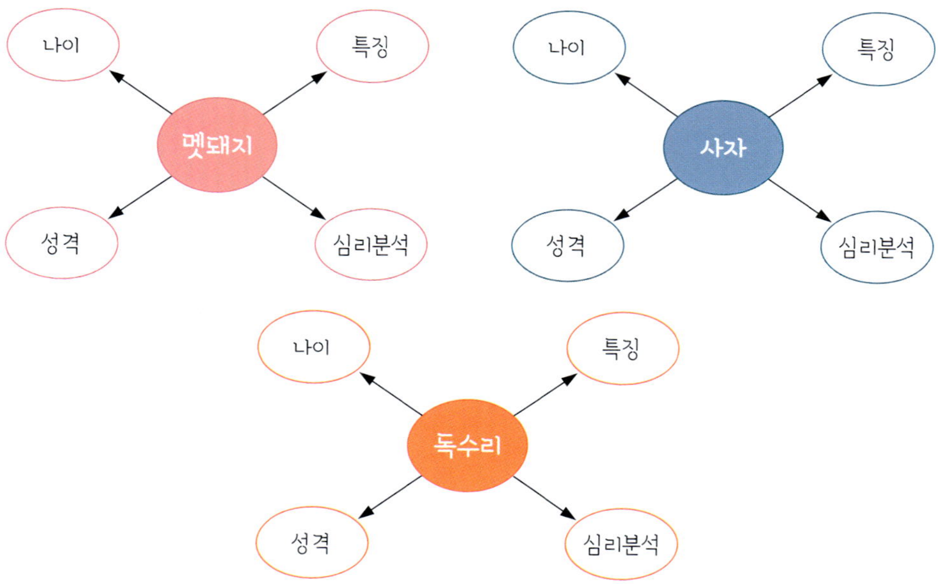

〈목소리 표현을 위한 등장인물 분석〉

- 멧돼지: 뚱뚱하고 거칠고 욕심 많은 음색
- 사자: 위엄 있고 마음이 급한 음색
- 독수리: 꾀가 많고 느긋한 음색

③ 생각/느낌 더하기(감지적 자극)

- 주인공이나 등장인물 마음 되어 보기
- 자신의 생각이나 느낌 발표하기
- 작가의 의도 알아보기
  - 멧돼지가 먼저 물을 먹고 있었는데 사자가 와서 먼저 먹겠다고 화를 냈어요. 그때 멧돼지의 기분은 어땠을까요?

질문카드 × 행동카드

④ 경험의 수용

- 이야기의 장면과 관련된 자신의 경험 떠올리기
- 이야기 요약하기
  - 친구랑 싸운 적이 있나요?

질문카드 × 행동카드

⑤ 생각/느낌 나누기

- 이야기를 듣고 어떤 느낌이 드는지 이야기해 본다.
  - 사자가 멧돼지에게 한 행동은?
  - 사자와 멧돼지가 사이좋게 지내는 것이 좋은 이유는 무엇인가요?

질문카드 × 행동카드

(2) 2단계 융합단계

① 이해와 감상-이해를 위한 사전단계

- 주요 장면, 줄거리 요약 설명하기
- 인상적인 장면 선정하기(질문카드 활용)
  - 이 이야기에서 가장 인상에 남는 장면은 어떤 것인가요?
- 장면 선정 후 장면을 보고 생각나는 대로 이야기하기(브레인스토밍)
- 인물의 감정 곡선 따라가기(행동카드 활용)

② 자의적 해석-이해단계

- 이야기를 생각나는 대로 포스트잇에 적는다.

③ 이야기 데이터 수집(마인드맵)-이야기 데이터 수집단계

- 이야기 주제 찾기: 마인드맵 활용
- 각 장면의 그림에서 특이한 점 찾기
- 장면의 사건/배경에 대해 이야기하기

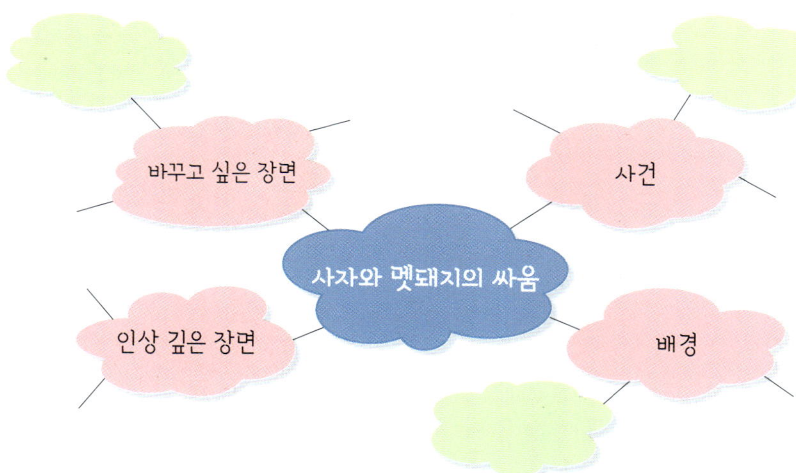

〈마인드맵〉

④ 재구성-코딩단계

- 부분을 다르게 재구성
- 인물, 배경을 바꿔서 재구성
- 사건을 다르게 재구성
- 이야기의 전후를 다르게 재구성
- 새로운 갈등 구조를 만들어 재구성
- 나의 경험에 빗대어 재구성

(3) 3단계 표현단계

① 결과물 기술방법에 대한 전략

- 주관적 스토리텔링을 통한 미디어 결과물

② 표현단계의 진행과정

① 표현카드의 내용에 따라 대본을 만든다.
② 대본을 만든 후 역할을 정한다.
③ 역할을 나누어 진행한다.
④ 진행하는 내용을 영상으로 촬영하거나 녹음한다.

예 〈표현카드〉 만화

만화

활동제목 나는 만화가

활동방법

① 이야기의 사건을 중심으로 요약한다.
② 요약한 내용을 4장면으로 나눈다.
③ 각 장면에 어울리는 그림을 그린다.

④ 그림을 그리고 말풍선에 대화를 쓴다.(이야기를 줄거리가 아닌 아이 마음대로 바꾸어서 만들 수 있도록 유도한다. 2단계에서 수집한 이야기 데이터를 활용하여 다른 이야기로 만들 수 있다.)

❶	❷
❸	❹

⑤ 전시하고 '좋아요' 스티커 붙이기

⑥ 포스트잇을 활용하여 칭찬 댓글 달기

16) 우산장수와 부채장수(창의 인성 덕목: 긍정적 사고)

(1) 1단계 수용단계: 이야기 받아들이기

① 이야기 수용 준비

- 제목으로 이야기를 예측한다.
  - 어떤 이야기일까요?

② 이야기 들려주기

옛날 어느 마을에 아들 형제를 둔 어머니가 살고 있었어요. 두 아들 모두 잘생기고 효성도 지극했어요.
“두 아들이 잘생기고 효성도 깊으니 걱정이 없겠어요.”
마을 사람들은 어머니를 부러워했어요. 가난하기는 했지만 든든한 두 아들이 있어 어머니는 행복했어요.
그러던 어느 날 두 아들이 장사를 시작하면서 어머니는 고민이 생겼어요. 큰아들은 우산 장사를 하고 작은아들은 부채 장사를 했거든요.
어느 날 이웃집 아주머니가 찾아왔어요.
“며칠 내내 비가 오더니 오늘은 해가 나서 기분이 좋네요.”
아주머니는 기분 좋게 웃었어요. 그런데 어머니는 걱정이 가득한 얼굴이었어요.
“아니, 무슨 걱정이라도 있으셔요?”
“네, 이렇게 해가 쨍쨍하니 우산을 파는 큰아들이 걱정이네요.”
며칠이 지나자 비가 내리기 시작했어요.
어머니는 마루에 걸터앉아 비 내리는 하늘을 쳐다보며 한숨을 지었어요.
“아니, 오늘은 왜 또 걱정이세요?”
“오늘 이렇게 비가 많이 오니 부채 장사를 하는 둘째 아들이 걱정이네요. 비가 이렇게 오니 누가 부채를 사겠어요?”
어머니는 땅이 꺼져라 한숨을 쉬었어요.
“해가 나도 걱정이고 비가 와도 걱정이니 두 아들 걱정에 한숨만 느는군요.”

어머니는 비가 오는 날은 부채 장사를 하는 둘째가 걱정이 되어 식사도 제대로 하지 못했어요.
날마다 하늘을 보면 한숨 쉬는 어머니를 본 옆집 아주머니가 말했어요.
"걱정만 하지 말고 이렇게 생각해 보세요"
"어떻게요?"
"더운 날씨에는 부채 장사하는 작은아들 장사가 잘되어 좋고, 비가 오는 날은 우산장사하는 큰아들 우산이 잘 팔려서 좋다고요."
"맞아요. 왜 진작 그렇게 생각하지 못했을까요?"
어머니는 활짝 웃었어요.
그 이후로 어머니는 비가 와도 기분 좋고, 해가 나도 기분 좋게 지냈답니다.

- 이야기를 구연으로 들려준다.
  - 먼저 등장인물을 분석하고 등장인물의 음색을 표현해서 들려주면 좋다.

〈목소리 표현을 위한 등장인물 분석〉

- 적정 많은 어머니는 어떤 모습일지 이야기 속 어머니 모습을 상상해 본다.
  - 어머니의 모습을 상상하고 어머니 목소리를 만들어 본다.

③ 생각/느낌 더하기(감지적 자극)

- 주인공이나 등장인물 마음 되어 보기
- 자신의 생각이나 느낌 발표하기

- 작가의 의도 알아보기
  - 이야기 속 어머니는 어떤 사람일까요?
  - 어머니의 마음을 행동카드의 내용으로 표현해 본다.

질문카드 × 행동카드

④ 경험의 수용

- 이야기의 장면과 관련된 자신의 경험 떠올리기
- 이야기 요약하기
  - 비 오는 날 장사가 잘되는 가게는 어떤 것이 있을까요?
  - 해가 쨍쨍 내리쬐는 날을 장사가 잘되는 가게는 어떤 것이 있을까요?(놀이동산, 아이스크림 가게 등)

질문카드 × 행동카드

⑤ 생각/느낌 나누기

- 이야기를 듣고 어떤 느낌이 드는지 이야기해 본다.

질문카드 × 행동카드

(2) 2단계 융합단계

① 이해와 감상-이해를 위한 사전단계

- 주요 장면, 줄거리 요약 설명하기
- 인상적인 장면 선정하기(질문카드 활용)

– 이 이야기에서 가장 인상에 남는 장면은 어떤 것인가요?

- 장면 선정 후 장면을 보고 생각나는 대로 이야기하기(브레인스토밍)
- 인물의 감정 곡선 따라가기(행동카드 활용)

② 자의적 해석-이해단계

- 이야기를 생각나는 대로 포스트잇에 적는다.

③ 이야기 데이터 수집(마인드맵)-이야기 데이터 수집단계

- 이야기 주제 찾기: 마인드맵 활용
- 각 장면의 그림에서 특이한 점 찾기
- 장면의 사건/배경에 대해 이야기하기

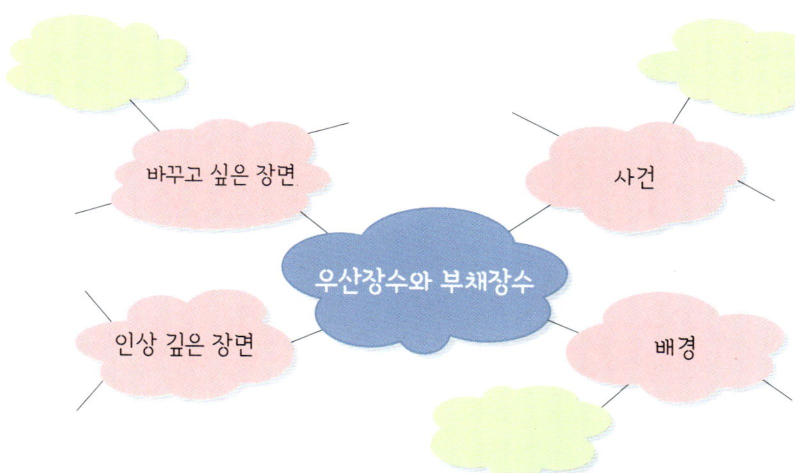

〈마인드맵〉

④ 재구성-코딩단계

- 부분을 다르게 재구성
- 인물, 배경을 바꿔서 재구성
- 사건을 다르게 재구성
- 이야기의 전후를 다르게 재구성
- 새로운 갈등 구조를 만들어 재구성
- 나의 경험에 빗대어 재구성

(3) 3단계 표현단계

① 결과물 기술방법에 대한 전략

- 객관적 사실을 통한 미디어 결과물

② 표현단계의 진행과정

① 표현카드의 내용에 따라 대본을 만든다.

② 대본을 만든 후 역할을 정한다.

③ 역할을 나누어 진행한다.

④ 진행하는 내용을 영상으로 촬영하거나 녹음한다.

예 〈표현카드〉 기상캐스터

기상캐스터

활동제목 생활예보 만들기

활동방법

① 인터넷 검색 사이트를 활용하여 우리나라 지역별 또는 세계의 일기예보를 찾아본다. 지역별 또는 세계의 일기예보를 보고 그 지역의 날씨에 맞추어 필요한 물건들을 이야기해 본다.

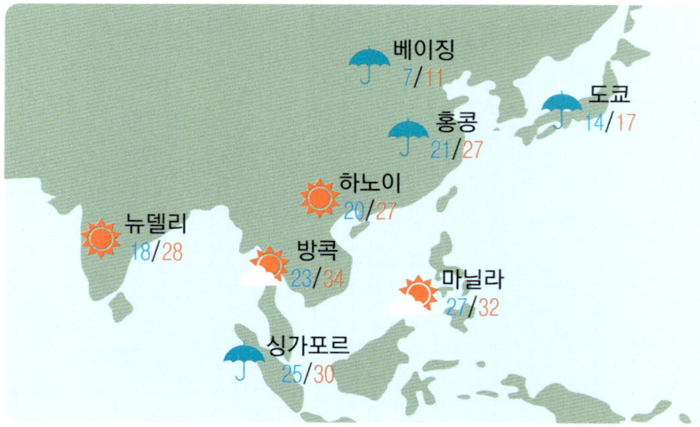

하노이: 맑음, 낮 기온 27℃ <u>필요한 물건</u>: 선글라스, 시원한 물, 아이스크림 등

도쿄: 비, 낮 기온 17℃ <u>필요한 물건</u>: 우산, 따뜻한 음료, 비옷, 장화 등

생활예보: ⓔ 하노이는 지금 낮 기온이 27도로 무척 더울 것으로 예상됩니다. 선글라스와 시원한 물을 꼭 챙기세요.

■ 생활예보 만들기

② 일기예보를 검색한 화면과 출력한 프린트를 함께 살펴보며 오늘의 날씨에 대해 이야기 나눈다.

- 오늘 날씨는 어떤가요?
- 오늘의 날씨를 친구들에게 어떻게 알려 줄 수 있을까요?(오늘의 날씨를 친구들에게 알려 줄 수 있는 방법: 기상캐스터가 되어 알려 주기, 일기예보를 카드로 만들어 알려 주기 등)
- 일기예보에 어떤 내용을 포함시키면 좋을까요?(현재 기온, 시간별 기온, 강수확률, 미세먼지, 초미세먼지 농도, 외출할 때 필요한 정보 등)

■ 일기예보 대본 만들기

③ 만든 일기예보 대본으로 기상캐스터가 되어 영상을 촬영한다.

17) 숨겨진 보물(창의 인성 덕목: 소중한 가치)

(1) 1단계 수용단계: 이야기 받아들이기

① 이야기 수용 준비

- 제목으로 이야기를 예측한다.
  - 어떤 이야기일까요?

② 이야기 들려주기

커다란 포도밭을 가진 농부가 살았어요.
"얘들아, 여기 와서 포도밭 가꾸는 일을 좀 도와주렴."
"싫어요. 전 좀 더 자야 해요."
"저도 친구들이랑 놀러 가야 돼서 도와 드릴 수가 없네요."
"아버진 왜 우리한테 농사를 지으라고 하지? 아버지가 다 하시면 될 텐데. 정말 귀찮아."
세 아들은 아버지의 말은 들은 척도 하지 않고 놀기만 했어요. 그러던 어느 날, 아버지가 큰 병에 걸리고 말았지요.
"자식들이 하나같이 게을러서 내가 죽고 나면 돈도 금방 떨어지고 포도밭도 엉망이 될 텐데, 어떻게 하면 좋지?"
농부는 세 아들을 생각하니 가슴이 아팠어요. 그러다 좋은 생각이 떠올랐지요. 그리고 세 아들을 불러 말했어요.
"얘들아. 저 포도밭에 내가 값진 보물을 숨겨 놓았단다. 그것을 찾아서 사이좋게 똑같이 나누어 가지렴."
"뭐라고요? 아버지, 보물이라고 하셨어요?"
세 아들은 보물이라는 말에 눈이 반짝반짝 거렸어요. 이 모습을 본 농부는 살며시 웃음을 지었지요. 그리고 숨을 거두었어요. 농부가 세상을 떠나자 세 아들은 포도밭으로 달려갔어요.
"아버지가 여기에 보물을 숨겼다고 했지. 내가 찾아야지!"
"끙끙! 무슨 소리야, 내가 찾을 거야. 여기에 보물이 있을까?"

"영치기 영차! 저기에 보물이 있을까?"
"도대체 보물은 어디 있는 거야?"
"얘들아, 힘내! 우리 좀 더 깊게 파 보자."
세 아들은 보물을 찾기 위해 열심히 땅을 팠지만 보물은 어디에도 없었어요.
"에잇! 아버진 보물을 어디에 숨긴 거야!"
어느덧 가을이 되었어요. 포도밭에는 그 어느 해보다 많은 포도송이가 주렁주렁 열렸어요.
"어! 이게 무슨 일이야? 포도가 왜 이렇게 많이 달렸지?"
"그러게. 우린 아무것도 안 했는데. 포도도 굵고 더 달아."
"아하! 아버지가 말씀하신 보물이란 게 바로 이것이었구나!"
세 아들이 열심히 땅을 팠기 때문에 포도나무가 더 튼튼하게 자랄 수 있었던 거예요. 세 아들은 아버지의 깊은 뜻을 알고 눈물을 흘렸어요. 그 후에도 세 아들은 부지런히 일하며 포도밭을 잘 가꾸었대요.

- 이야기를 구연으로 들려준다.
  - 먼저 등장인물을 분석하고 등장인물의 음색을 표현해서 들려주면 좋다.

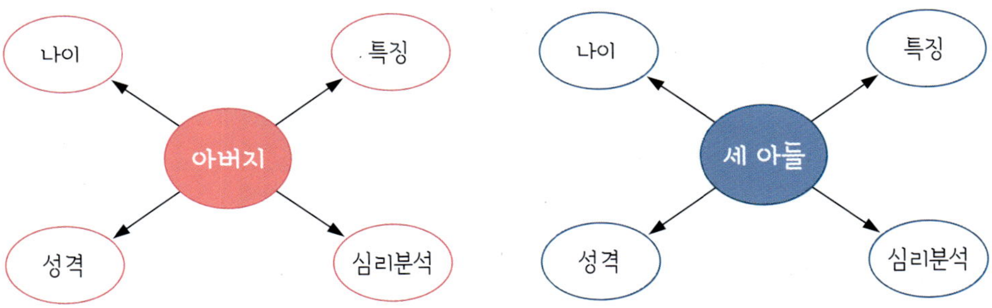

〈목소리 표현을 위한 등장인물 분석〉

- 아버지: 걱정이 많고 힘이 없는 병약한 음색

※ **참고:** 아들의 캐릭터를 만들어서 이야기를 들려 준다.

③ 생각/느낌 더하기(감지적 자극)

- 주인공이나 등장인물 마음 되어 보기
- 자신의 생각이나 느낌 발표하기
- 작가의 의도 알아보기

질문카드 × 행동카드

④ 경험의 수용

- 이야기의 장면과 관련된 자신의 경험 떠올리기
- 이야기 요약하기

질문카드 × 행동카드

⑤ 생각/느낌 나누기

- 이야기를 듣고 어떤 느낌이 드는지 이야기해 본다.

질문카드 × 행동카드

(2) 2단계 융합단계

① 이해와 감상-이해를 위한 사전단계

- 주요 장면, 줄거리 요약 설명하기
- 인상적인 장면 선정하기(질문카드 활용)
  - 이 이야기에서 가장 인상에 남는 장면은 어떤 것인가요?
- 장면 선정 후 장면을 보고 생각나는 대로 이야기하기(브레인스토밍)
- 인물의 감정 곡선 따라가기(행동카드 활용)

② 자의적 해석-이해단계

- 이야기를 생각나는 대로 포스트잇에 적는다.

③ 이야기 데이터 수집(마인드맵)-이야기 데이터 수집단계

- 이야기 주제 찾기: 마인드맵 활용
- 각 장면의 그림에서 특이한 점 찾기
- 장면의 사건/배경에 대해 이야기하기

〈마인드맵〉

④ 재구성-코딩단계

- 부분을 다르게 재구성
- 인물, 배경을 바꿔서 재구성
- 사건을 다르게 재구성
- 이야기의 전후를 다르게 재구성
- 새로운 갈등 구조를 만들어 재구성
- 나의 경험에 빗대어 재구성

(3) 3단계 표현단계

① 결과물 기술방법에 대한 전략

- 객관적 사실을 통한 미디어 결과물

② 표현단계의 진행과정

① 표현카드의 내용에 따라 대본을 만든다.
② 대본을 만든 후 역할을 정한다.
③ 역할을 나누어 진행한다.
④ 진행하는 내용을 영상으로 촬영하거나 녹음한다.

예 〈표현카드〉 책 만들기

책 만들기

진행자: 보물이 무엇일까요?

아이들: ....

....

진행자: 나의 보물은 무엇인가요?

아이들: ....

....

진행자: 이야기 속에서 아버지가 숨겨 놓은 보물은 무엇인가요?

아이들: ....

....

진행자: 나에게 가장 소중한 게 무엇일까요?(물건이나 가치. 예: 부모님, 사랑, 우정)

아이들: ....

....

※ 아이들이 말하는 것은 포스트잇에 적는다.

활동제목 미니북 만들기(가치사전)

활동방법

① 아이가 생각하는 보물을 선택한다.

② 선택한 데이터를 카드에 적는다.

③ 왜 보물이라고 생각하는지 그 이유를 적는다.

④ 뒷면에는 그림을 그린다.

예) 사랑– 소중한 이유, 친구–소중한 이유, 가족–소중한 이유

가족	친구	사랑
소중한 이유: 내가 친구와 싸웠을 때 항상 내 편이 되어 주니까	소중한 이유: 내가 심심할 때 놀 수 있으니까	소중한 이유:

⑤ 책을 만들고 난 후 만든 내용을 친구에게 이야기해 준다.(혼자 발표하는 것이 아니라 모둠별로 자기의 가치 사전을 설명한다)

※ 나의 가치사전을 만든 후 모둠별로 가치사전에서 소중한 이유를 설명하면 상대편이 단어를 맞히는 게임을 한다.

<책 만드는 법>

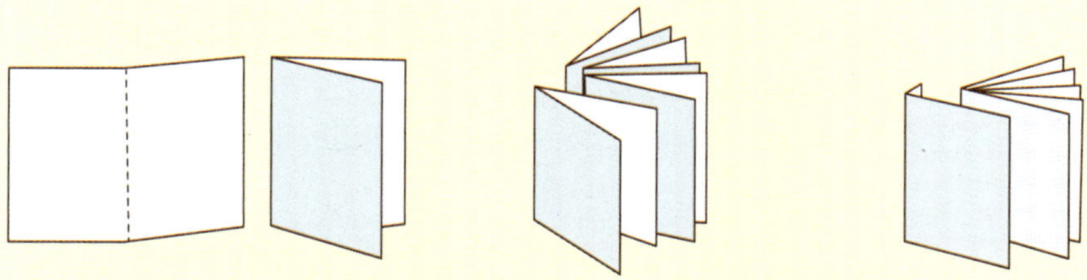

① A4용지를 반으로 접는다.

② 반으로 접은 A4용지를 뒷면끼리 붙인다.

③ 하드보드지나 폼보드를 잘라서 표지를 만든다.

18) 꾀 많은 하인(창의 인성 덕목: 배려, 친절, 존중)

(1) 1단계 수용단계: 이야기 받아들이기

① 이야기 수용 준비

- 제목으로 이야기를 예측한다.
  - 어떤 이야기일까요?

② 이야기 들려주기

옛날에 심술쟁이 양반이 하인을 데리고 과거를 보러 길을 떠났어요.
"벌써 해가 지는구나!"
"나리, 날이 저물어 가니 저기 보이는 주막에서 쉬어 가시죠?"
"그래, 그리하도록 하자."
양반은 말에서 내려 주막으로 들어갔지요.
"어허, 넌 문밖에서 말고삐나 단단히 잡고 기다려라."
양반의 명령에 하인은 화가 났어요.
'아니, 배고프기야 상전이나 하인이나 마찬가지인데 하인은 버리고 혼자서만 밥을 드시다니, 너무하시네."
화가 난 하인은 곧장 장에 가서 말을 팔았어요.

그런데 말을 팔 때 말고삐만은 싹둑 잘라 남겨두었지요.
다음 날, 말이 없어진 걸 안 양반이 크게 호통을 쳤어요.
"네 이놈! 말을 잃어버리는 줄도 모르고 드르릉드르릉 잠만 잤단 말이냐?"
"나리가 말고삐나 단단히 잡고 기다리라고 하시기에 소인은 말고삐만 잡고 있었는데요. 여기 좀 보셔요. 말고삐를 꼭 잡고 있잖아요."
"뭐라고? 그, 그렇구나! 이런…"
양반은 하인이 손에 꼭 잡고 있는 말고삐를 보고는 더 이상 아무 말도 하지 못하고 말았답니다.

- 이야기를 구연으로 들려준다.
  - 먼저 등장인물을 분석하고 등장인물의 음색을 표현해서 들려주면 좋다.

〈목소리 표현을 위한 등장인물 분석〉

- 양반: 이기적이고 자기밖에 모르는 심술쟁이 음색
- 하인: 영리하지만 주인 때문에 화가 난 음색

※ **참고:** 양반과 하인의 성격, 심리, 감정, 특징을 아이와 이야기 나누기를 통해 파악해 본다.

③ 생각/느낌 더하기(감지적 자극)

- 주인공이나 등장인물 마음 되어 보기
- 자신의 생각이나 느낌 발표하기
- 작가의 의도 알아보기
  - 말고삐만 잘라서 남기고 말을 시장에다 판 하인의 행동에 대해 어떻게 생각하나요?
  - 하인은 기분이 어땠을까요?

질문카드 × 행동카드

④ 경험의 수용

- 이야기의 장면과 관련된 자신의 경험 떠올리기
- 이야기 요약하기
  - 내가 배려할 수 있는 행동은 어떤 것이 있을까요?
  - 다른 사람을 위해 내가 했던 배려가 있나요?

질문카드 × 행동카드

⑤ 생각/느낌 나누기

- 이야기를 듣고 어떤 느낌이 드는지 이야기해 본다.
  - 말을 잃어버린 양반은 과거시험을 보러 갈 수 있었을까요? 양반과 하인의 행동에 대해 이야기해 봅시다.

질문카드 × 행동카드

(2) 2단계 융합단계

① 이해와 감상-이해를 위한 사전단계

- 주요 장면, 줄거리 요약 설명하기
- 인상적인 장면 선정하기(질문카드 활용)
  – 이 이야기에서 가장 인상에 남는 장면은 어떤 것인가요?
- 장면 선정 후 장면을 보고 생각나는 대로 이야기하기(브레인스토밍)

② 자의적 해석-이해단계

- 이야기를 생각나는 대로 포스트잇에 적는다.

③ 이야기 데이터 수집(마인드맵)-이야기 데이터 수집단계

- 이야기 주제 찾기: 마인드맵 활용
- 각 장면의 그림에서 특이한 점 찾기
- 장면의 사건/배경에 대해 이야기하기

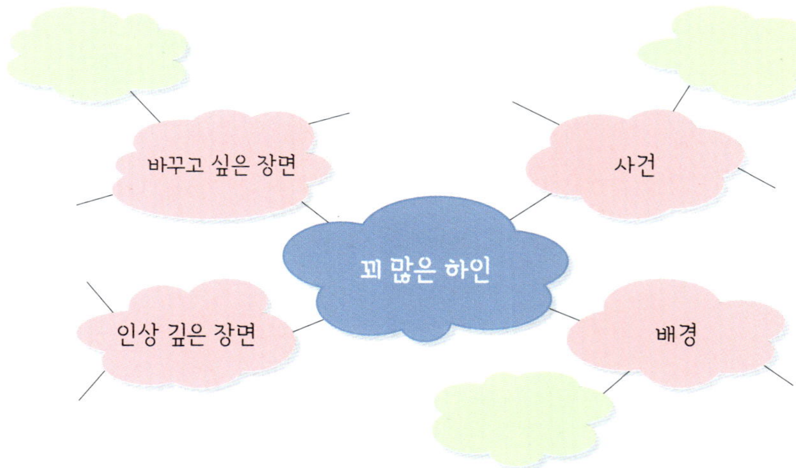

〈마인드맵〉

④ 재구성-코딩단계

- 부분을 다르게 재구성
- 인물, 배경을 바꿔서 재구성
- 사건을 다르게 재구성
- 이야기의 전후를 다르게 재구성
- 새로운 갈등 구조를 만들어 재구성
- 나의 경험에 빗대어 재구성
  – 뒷이야기를 짓는다면?

(3) 3단계 표현단계

① 결과물 기술방법에 대한 전략

- 주관적 스토리텔링을 통한 미디어 결과물

② 표현단계의 진행과정

① 표현카드의 내용에 따라 대본을 만든다.

② 대본을 만든 후 역할을 정한다.

③ 역할을 나누어 진행한다.

④ 진행하는 내용을 영상으로 촬영하거나 녹음한다.

예 〈표현카드〉 광고

광고

활동제목 공익광고 만들기

활동방법

① 공익광고에 대해 이야기한다.

- 보통 광고는 물건을 팔거나 물건을 파는 곳을 알려 주거나 해서 돈을 벌기 위해서 만드는 것이다. 그러나 공익광고는 돈을 벌기 위한 것과는 다르게 모두에게 도움이 되는, 공공의 이익을 위한 내용을 공고하는 것이다.

② 신문이나 잡지, 인터넷에서 배려에 대한 이야기를 찾아서 본다.
(예: 공익광고 영상: https://www.youtube.com/watch?v=9v1_dkVSy5Q)

③ 모둠별로 공익광고를 만들기 위한 계획서를 만든다.

④ 이야기 코딩에서 나온 '배려'를 주제로 공익광고 포스터를 만든다.

⑤ 아파트에서 이웃에게 배려할 수 있는 내용을 간단한 무언극으로 만든다.
(예: 할머니에게 엘리베이터 문 열림 버튼을 눌러 주는 장면을 무언극으로 연기한다.)

내가 만든 배려 실천 광고 스토리보드

그림 A	스토리:
그림 B	스토리:
그림 C	스토리:
그림 D	스토리:

⑥무언극을 영상으로 찍고 평가 및 감상한다.

부록

【부록 1】 말하기의 기본

1 발음

1) 모음

말하는 사람의 발음이 부정확하면 말을 듣는 사람은 그 내용을 잘 이해할 수 없고, 특히 어린 아이는 부정확한 발음을 모방할 수 있기 때문에 더 중요하지요. 옛날에 서당 훈장님이 '바람 풍'의 [ㄹ] 발음이 안 되어 '바담 풍'이라고 하자 아이들이 그대로 따라 했다는 우스갯소리도 발음의 중요성을 일깨워 주는 이야기입니다. 그러면 정확한 발음을 위해서는 어떻게 해야 할까요? 우선, 모음 발음은 입 모양을 정확히 해야 합니다. 입 모양이 정확하지 않으면 정확한 발음이 나오지 않지요. 처음엔 쉽지 않지만 의식적으로 모음 발음을 할 때 입 모양을 정확하고 크게 만들면서 연습합니다. 입 모양을 정확하게 하면서 천천히 또박또박 읽는 연습을 매일 하면 어느 순간 정확한 발음과 말의 힘을 느낄 수 있을 것입니다.

모음/발음	입 모양	모음/발음	입 모양
ㅏ	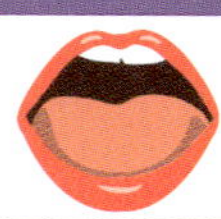	ㅑ	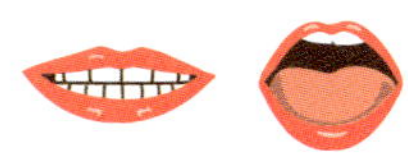
[a]		[ia]	
ㅓ		ㅕ	
[^]		[i^]	
ㅗ		ㅛ	
[o]		[io]	
ㅜ		ㅠ	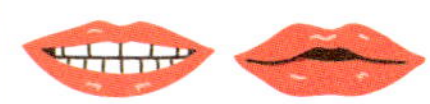
[u]		[iu]	
ㅡ	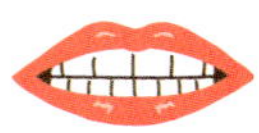	ㅣ	
[ui]		[i]	

〈모음 연습〉

- 아: 아이, 아들, 아가씨, 아주머니, 아버지
- 에: 에누리, 베게, 누에, 제발
- 이: 이모, 이불, 이름, 이마
- 오: 오늘, 오빠, 오선지, 오징어
- 우: 우유, 우체국, 우산, 우박

2) 자음

자음은 조음기관의 모양과 위치를 알고 발음을 해야 정확한 발음을 할 수 있습니다. 조음기관은 혀, 입술, 목구멍 입천장, 이 등 소리를 만들어 내는 기관입니다. 입 모양과 혀의 위치에 따른 발음은 그림과 같습니다.

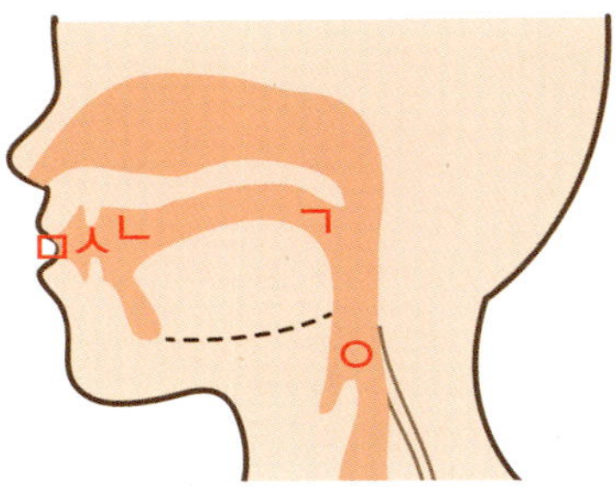

자음	입 모양
ㄱ	혀뿌리가 목젖에 닿는 모양
ㄴ	혀끝이 윗잇몸에 닿는 모양
ㅁ	입 모양
ㅅ	이 모양
ㅇ	목구멍 모양

발음에는 많은 법칙들이 있어요. 우리는 수험생이 아니기 때문에 어려운 발음 법칙을 외워서 할 필요는 없습니다. 발음이 어렵거나 잘 모를 경우는 여러 방법을 활용하여 발음법을 익힐 수 있어요. 특히, 인터넷에 많은 정보가 있으므로 인터넷을 활용하는 것도 좋은 방법이지요. 인터넷 포털 사이트에서 '국립국어원' 검색 후 홈페이지에 들어가면 표준 발음법을 알려 줍니다.

발음이 모호한 경우 '표준발음 변환기'를 검색해서 변환기에 단어를 쓰고 확인을 누르면 표준발음법을 알려 주는 도구가 실행되는데요. 예를 들어, '넓죽하다'의

발음을 알고 싶을 때는 표준발음 변환기에 '넓죽하다'를 쓰고 확인을 하면 [넙쭈카다]로 표기된 변환 결과를 볼 수 있고 변환의 근거가 되는 설명도 함께 볼 수 있어요.

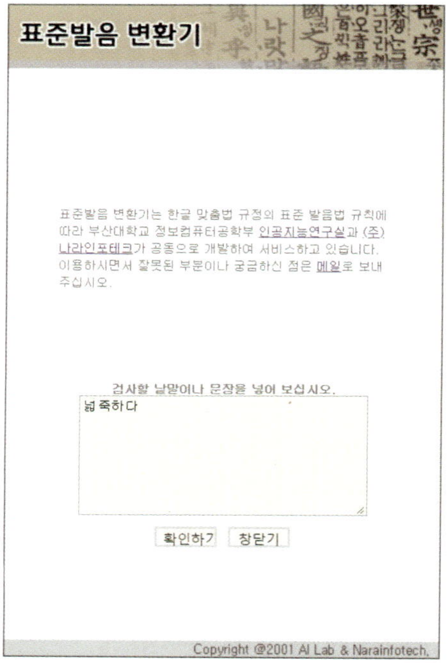

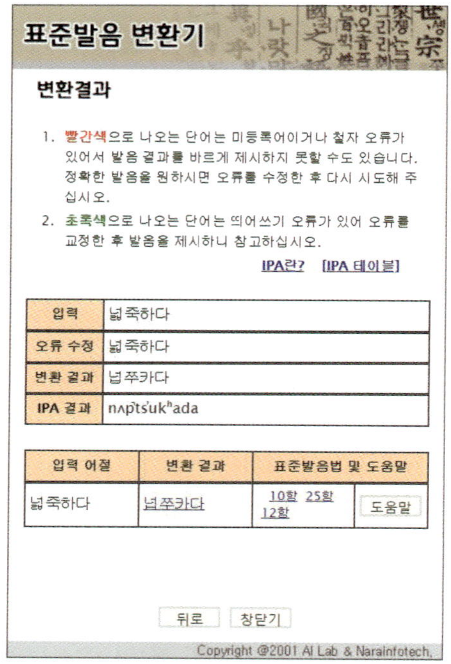

(1) 연습 방법

- 천천히 또박또박 정확하게 소리 내어 읽어요.
- 빠르게 소리 내어 읽어요.
- 크게 소리 내어 읽어요.
- 한 호흡에 최대한 길게 소리 내어 읽어요.
- 거꾸로 읽어요.
- 가로, 세로, 사선으로 소리 내어 읽어요.
- 한 호흡에 한 음절씩 읽어요.(스타카토 발음 연습)

(2) 어려운 말 연습

- 우리 집에 안 깐 깡통이 두 개 있고 깐 깡통이 한 개 있습니다. 깡통은 깐 깡통과 안 깐 깡통 모두 세 개입니다.
- 뭉게구름 속에 숨은 햇살은 여름철 햇살이고, 새털구름 속에 숨은 햇살은 겨울철 햇살입니다.
- 백합 백화점 옆에 백화 백화점이 있고, 백화 백화점 옆에 백합 백화점이 있습니다.
- 그 집 콩밭은 검정 콩밭이고 내 집 콩밭은 강낭콩밭이며 검정 콩밭 옆에 강낭콩밭이 있고 강낭콩밭 옆에 검정 콩밭이 있습니다.

2 화술

화술은 말하는 기술입니다. 사람들은 세상에 태어나서 죽는 날까지 계속 말을 하면서 살아가지요. 특히, 요즈음 현대를 살아가면서 개인과 개인의 대화도 중요하지만 그에 못지않게 대중을 상대로 하는 발표나 강의 등이 많아지면서 화술에 대한 중요성이 더 부각되고 있습니다.

말을 하는 것은 누구나 할 수 있지만 말을 잘 하는 것이 쉽지만은 않아요. 그래서 말을 잘 하기 위해 학원을 다니기도 합니다. 심지어는 어린아이들도 말하는 방법을 배우기 위해 스피치 학원을 다니는 경우가 있어요. 그만큼 어릴 때부터 말하는 기술에 대한 관심이 높기 때문이지요. 그러나 아이들을 학원에 보내기 전에 먼저 화술을 익힌 부모가 아이들에게 책을 읽어 주거나 동화를 들려준다면 학원에서 말하기 방법을 가르치는 것보다 더 많은 효과를 가져옵니다. 화술은 동화구연의 생명으로 이야기를 전달하는 직접적인 기술이기 때문입니다. 음성이 예뻐야 동화구연을 잘 하는 것이 아니에요. 이야기에 감정을 얼마나 잘 이입시켰느냐에 따라 구연을 잘 한다고 말할 수 있어요. 음성보다 중요한 것이 감정표현이에요. 그러므로 자기 개성과 음성에 맞는 동화를 선택한 뒤 내용을 충분히 이해하고 내용에 적절한 감정을 넣어 이야기를 하면 누구나 구연을 할 수 있습니다.

그럼 그 표현을 어떻게 해야 할까요? 먼저, 말의 높낮이, 말의 길이, 말의 강약, 말의 속도, 즉 말의 고, 저, 장, 단, 강, 약, 완, 급을 잘 표현해야 합니다. 그리고 띄어 말하기와 말의 원근감 표현, 감정에 따른 음색을 잘 표현한다면 책을 읽어 주거나 동화를 들려줄 때 동화의 감동이나 책의 내용을 잘 전달하고 듣는 아이들도 자연스럽게 화술을 익히게 되지요.

1) 말의 고저, 장단, 강약, 완급 표현

(1) 높은 목소리로 말하기

높은 목소리를 내야 할 때가 언제인지 생각해 보세요. 목소리를 높여야 할 때는 긴박한 상황이거나 멀리 있는 사람을 부를 때일 것입니다.

- 불이야, 불! 불이 났어요, 빨리 피하세요!
- 도와주세요. 도와주세요. 여기예요. 여기 구덩이 속에 있어요.

(2) 낮은 목소리로 말하기(속삭임, 조심)

낮은 목소리는 속삭일 때, 조심스럽게 말을 해야 할 때 내지요.

- 이 이야기는 비밀이야! 절대로 말하면 안 돼!
- 아기가 자고 있어. 조용히 하자.

(3) 강한 목소리로 말하기

강한 목소리는 본인의 강한 의지를 나타낼 때, 그리고 명령조로 말할 때 강한 톤으로 말을 합니다.

- 난, 반드시 훌륭한 사람이 될 거예요.
- 네 이놈, 너는 너의 죄를 알렸다.

(4) 약한 목소리로 말하기(슬픔, 좌절)

슬프거나, 좌절, 힘이 없을 때는 약한 목소리로 말합니다.

- 오늘은 생선을 하나도 못 팔았네.
- 엄마, 열이 많이 나고 아파서 기운이 없어.

(5) 빠르게 말하기(다급한 상황)

일이 급하게 진행될 때와 긴박한 상황일 때는 말을 빠르게 해서 다급한 상황임을 알려줍니다.

- 부엉이 집에 불이 났어요. 다람쥐는 쪼르르 나무를 타고 내려와 소리쳤어요.
  "불이야, 도와주세요."
- 토끼는 악어 등을 밟으며 건너갔어요.
  " 하나, 둘, 셋 넷 다섯"(셋 넷 다섯을 빨리 읽는다.)

(6) 천천히 말하기

말의 속도를 천천히 할 때는 과거를 회상하는 이야기나 나열하면서 상황을 그림으로 그릴 수 있도록 할 때입니다.

- 옛날, 옛날 아주 먼 옛날에 이야기를 좋아하는 아주머니가 살았어요.
- 가을이에요. 산에는 울긋불긋 단풍이 들고 들에는 곡식들이 노랗게 익어가고 있어요.

(7) 리듬감 살리기

낱말의 반복, 사건의 반복은 리듬감을 살려 주세요.
의성어, 의태어 등의 표현은 리듬감을 살려 주세요.

- 깊은 바닷속에 반짝반짝 빛나는 물고기 한 마리가 있었어요.
- 꽃게는 몸을 돌렸지만 옆으로 옆으로 가다가 바위에 쿵 부딪혔어요.
- 바닷가 바위 위에 앉은 소녀는 살랑살랑 불어오는 바람을 느끼며 기분이 좋아졌어요.

(8) 말의 속도

적당한 속도로 이야기하면 이야기를 편안히 즐기며 들을 수 있는데 급하게 하면 이야기를 좇아가기 바쁘고 불안해집니다. 어린이들이 이야기를 들으면서 즐길 수 있는 여유를 주어야 해요. 보통 한 문장이 끝나면 가볍게 2박자 정도 쉬는 것이 좋으나 흐름상 급한 경우에는 곧바로 이어서 하기도 합니다.

- 사자는 멧돼지에게 버럭 큰소리를 쳤어요.ˇ그러자 멧돼지도 화를 냈지요. ˇˇ내가 먼저 왔으니 내가 먼저 마시는 건 당연한 거야.ˇ그러니 사자 넌 기다려라!"

3 띄어 읽기

띄어 읽기를 잘해야 이야기의 의미가 잘 전달됩니다. 아무리 좋은 목소리와 발성으로 이야기를 하더라도 띄어 읽기가 안 되면 이야기의 내용이 제대로 전달되지 않아요. 그러면 어떻게 띄어야 할까요?

1) 주어와 술어는 띄어 읽는다(주어를 수식하는 것은 한숨에 읽기)

- 옛날에 돈은 많지만 어리석은 김 부자가ˇ살았어요.
- 좋은 생각을 한 까마귀는ˇ돌을 물어와 물병 속에 넣기 시작했어요.

2) 의미의 명료성을 위해서 띄어 읽는다(띄어 읽기를 잘 하지 못하면 의미가 달라질 수도 있음)

- 나는ˇ윤서와 지유를 배웅했다. / 나는 윤서와ˇ지유를 배웅했다.
- 아줌마ˇ파마 돼요? / 아줌마 파마ˇ돼요?

3) 부사 다음은 띄어 읽는다

일찍, 그때, 다음, 오늘 등 시간을 나타내는 부사 다음에는 띄어 읽어요.

- 다음 날ˇ토끼와 거북이는ˇ산 중턱에서 만났어요.

말하는 사람의 심리적 태도를 나타내는 화식부사의 뒤는 띄어 읽어요.(예: 과연, 진실로, 물론, 꼭, 정말 등)

- 과연ˇ좋은 생각이구나.
- 물론ˇ네 생각은 좋은 생각이야.

의문과 가설을 나타내는 부사 뒤는 띄어 읽어요.(예: 설마, 아마, 만약, 글쎄 등)

- 설마ˇ아린이가 나를 두고 갔을까?

4) 장소 뒤는 띄어 읽는다

- 산이가 유치원에ˇ도착했어요.

5) 문장 부호가 있을 때는 띄어 읽는다

- 지수야, ˇ학교 잘 다녀와.
- 그래?ˇ이 대본 네가 다 쓴 거야?

6) 나열식 문장은 띄어 읽는다

- 윤서는 글쓰기를 잘하고ˇ영주는 그리기를 잘하고ˇ도윤이는 노래를 잘 해요.

띄어 읽기의 중요성을 말하면서 띄어 읽기의 법칙을 말했지만 이대로 다 띄어 읽다 보면 이야기가 뚝뚝 끊어질 수도 있어요. 그러므로 주의할 사항은 법칙은 법칙대로 익히고 나서 문장의 의미와 내용에 따라서 띄어 읽기를 하면 됩니다.

이야기는 자연스럽게 흐르듯이 전개되어야 감정이 더 잘 전달되지요. 띄어 읽기 법칙대로 말하는 것이 중요한 게 아니라 이야기의 흐름을 잘 전달하여 감동을 줘야 합니다.

7) 강조하여 찍어 읽는다

말을 강조하여 찍어 읽기란 이야기의 내용이나 감정의 전달을 정확하게 하기 위한 방법이에요. 찍어 읽기를 하기 위해서는 감정이 호흡을 통해서 전달되어야 하는데요. 찍어 읽는 단어 앞에서 짧게 호흡을 멈췄다가 남은 호흡으로 말을 이어 가면 됩니다.

- 거위 아줌마의 칭찬에 오리는ˇ기분이 좋아졌어요.('기분'이 강조됨)
  거위 아줌마의 칭찬에 오리는 기분이ˇ좋아졌어요.('좋아졌어요'가 강조됨)

【부록 2】 그림책을 활용한 창의 인성 미디어융합 교육 계획안-초등

■ 『행복한 돼지』 헬린 옥슨버리 글 · 그림 | 김서정 역 | 웅진주니어 | 2001. 10. 31.

<table>
<tr><th>그림책</th><td>행복한 돼지</td><th>차시</th><td>1차시</td></tr>
<tr><th>주제</th><td>진정한 행복</td><th>인성 덕목</th><td>가치 찾기</td></tr>
<tr><th>활동목표</th><td colspan="3">• 그림책의 내용을 이해할 수 있다.
• 그림책 속 등장인물의 성격, 심리, 감정 등을 분석할 수 있다.</td></tr>
<tr><th>단계</th><td>1단계–수용단계</td><th>주요 활동</th><td>표지 읽기, 그림책 읽기</td></tr>
<tr><th>준비물</th><td colspan="3">그림책, 질문카드, 행동카드</td></tr>
<tr><th>도입</th><td colspan="3">• 돼지가 주인공인 이야기 찾아보기
• 돼지 하면 떠오르는 것은?</td></tr>
<tr><th>전개</th><td colspan="3">1. 이야기 수용 준비
표지 읽기
– 그림책 겉표지를 보고 어떤 생각이 드나요?
– 왜 제목을 “행복한 돼지”라고 지었을까요? 제목만 보고 어떤 내용일지 한번 생각해 보세요.
– 내가 생각하는 ‘행복’이란 무엇인가요?
– 표지 속 돼지 부부의 모습은 어떤가요?
2. 이야기 들려주기
등장인물 분석
– 등장인물의 성격, 사건, 배경, 등장인물의 행위 파악하기
3. 생각/느낌 더하기(감지적 자극)
– 내가 생각하는 ‘꿈’ 목록 작성해서 친구들과 비교해 보기
– 행복한 나를 위해 삶을 바꾸는 방법을 생활 속에서 찾아보기
4. 경험의 수용
– 자신의 경험 말하기
5. 생각/느낌 나누기
– 『행복한 돼지』 이야기 중 가장 기억에 남는 장면은 무엇인가요? 왜 기억에 남나요?
– 돼지 부부는 따뜻한 초가집도 있고 예쁜 꽃이 가득한 들판에서 뛰어놀 수도 있는데 왜 만족할 수 없었을까요?
– 돼지들의 생각처럼 돈이 많아야 행복할까요?
– 부자가 된 돼지들은 왜 모두 버리고 숲으로 돌아갔을까요?</td></tr>
<tr><th>마무리</th><td colspan="3">돼지 부부에게 하고 싶은 말을 편지로 쓴다.(행동카드)</td></tr>
</table>

그림책	행복한 돼지	차시	2차시
주제	진정한 행복	인성 덕목	가치 찾기
활동목표	• 이야기 데이터를 모을 수 있다. • 이야기 데이터를 하나의 주제로 연결할 수 있다.		
단계	2단계-융합단계	주요 활동	이야기 데이터 만들기 이야기 코딩하기
준비물	포스트잇, 필기도구, 색연필 필요한 도구: 브레인스토밍, 마인드맵		
도입	• 전 차시에서 읽었던 『행복한 돼지』를 다시 읽어 준다. • 이야기를 듣고 가장 기억에 남는 장면을 이야기한다.		
전개	**1. 이해와 감상-이해를 위한 사전단계** **2. 자의적 해석-이해단계** **3. 이야기 데이터 수집(마인드맵)-이야기 데이터 수집단계** **4. 재구성-코딩단계** • 다양한 질문에 대하여 이야기 데이터를 만든다. • 포스트잇을 활용하여 아이들이 이야기하는 말을 포스트잇 하나에 하나씩 적는다. – 돼지 부부가 울타리에 기대어 멀리 마을을 바라보면서 무슨 생각을 할까요? – 돼지 부부가 생각하는 행복이란 무엇인가요? – 내가 생각하는 행복이란 무엇인가요? – 작가는 왜 이 책을 썼을까요?		
마무리	내가 생각하는 행복을 그림으로 그린다.(행복 가치사전 만들기)  		

<table>
<tr><td>그림책</td><td>행복한 돼지</td><td>차시</td><td>3차시</td></tr>
<tr><td>주제</td><td>진정한 행복</td><td>인성 덕목</td><td>가치 찾기</td></tr>
<tr><td>활동목표</td><td colspan="3">• 광고를 이해할 수 있다.
• 광고의 기능을 알 수 있다.</td></tr>
<tr><td>단계</td><td>3단계-표현단계</td><td>주요 활동</td><td>미디어로 내보내기(광고)</td></tr>
<tr><td>준비물</td><td colspan="3">표현카드, 그리기 도구, 광고 영상</td></tr>
<tr><td>도입</td><td colspan="3">• 다양한 광고 보기
– 라디오, 텔레비전, 잡지, 전단지 등의 광고를 보여 준다.(광고 자료)
– 순서 없이 편집된 공익광고와 일반 광고를 보여 준다.
– 공익광고만 다시 보여 준다.</td></tr>
<tr><td>전개</td><td colspan="3">• 광고를 보고 물건을 산 적이 있나요?
• 광고를 보면 어떤 생각을 하나요?
• 광고에 나오는 내용이 모두 참일까요?
• 거짓도 있을까요?(광고 모음을 보여 주고 참, 거짓을 구별해 본다.)
• 광고를 보고 물건을 샀는데 실망한 적은 언제였나요?

〈그림책 『행복한 돼지』 홍보 전단지 만들기〉
• 행복한 돼지를 누가 읽으면 좋을까요?
– 목표 타깃 정하기
• 그 친구에게 그림책 『행복한 돼지』를 소개한다면, 『행복한 돼지』 그림책을 파는 사람이라면 어떤 이야기라고 광고할까요?
– 카피라이트 쓰기
• 홍보물을 그림으로 그려서 전단지 만들기</td></tr>
<tr><td>마무리</td><td colspan="3">홍보 전단지를 만들고 녹음한다.

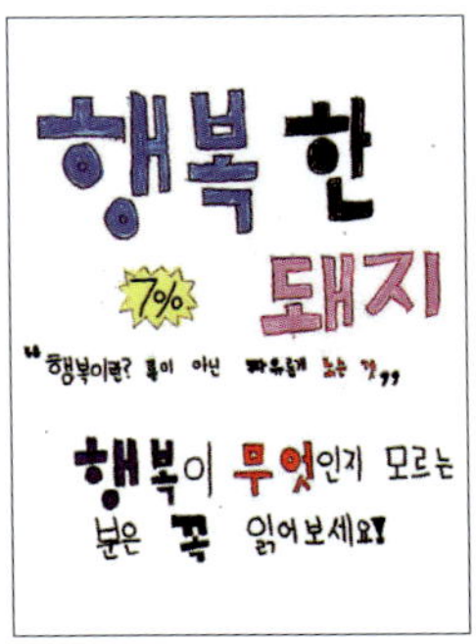

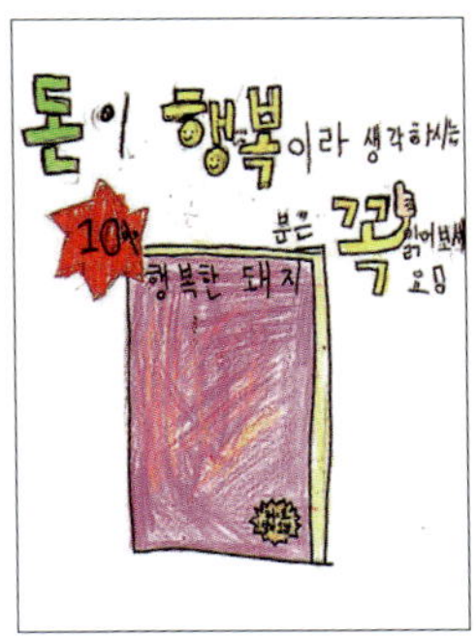
</td></tr>
</table>

■ 『무지개 아줌마』 닐 그리피스 글 · 주디스 블레이크 그림 | 김진선 역 | 이숲 | 2013. 5. 25.

그림책	무지개 아줌마	차시	4차시
주제	이웃 사랑	인성 덕목	나눔, 배려, 타자에 대한 이해
활동목표	• 그림책의 내용을 이해할 수 있다. • 등장인물의 성격, 심리, 감정 등을 파악할 수 있다.		
단계	1단계-수용단계	주요 활동	그림책 듣기, 등장인물 분석
준비물	그림책, 질문카드, 행동카드		
도입	• 무지개 하면 떠오르는 것은 무엇인가요? • 무지개를 본 적 있나요?		
전개	**1. 이야기 수용** 표지 읽기 – 표지에 있는 아줌마의 모습이 어떻게 보이나요?(고양의 모습도 관찰) – 왜 제목이 "무지개 아줌마"일까요? **2. 이야기 들려주기** 본문 읽기 등장인물 분석 – 등장인물의 감정, 심리, 성격, 행동 파악하기 **3. 생각/느낌 더하기(감지적 자극)** – 구청 직원이 무지개 아줌마에게 집을 회색으로 칠하라고 했을 때 무지개 아줌마의 기분은 어땠을까요? – 목사의 성격은 어떨까요? – 구청장의 편지를 전달하는 구청 직원의 마음은 어떨까요? **4. 경험의 수용** **5. 생각/느낌 나누기** 내용분석 – 사건, 배경, 문제해결방법을 살펴보세요. – 『무지개 아줌마』 이야기 중 가장 기억에 남는 장면은 무엇인가요? 그림으로 그려 보세요. – 그린 그림을 그룹별로 이어서 이야기를 만들어 보세요.		
마무리	만든 이야기를 그룹별로 발표한다.		

<table>
<tr><th>그림책</th><td>무지개 아줌마</td><th>차시</th><td>5차시</td></tr>
<tr><th>주제</th><td>이웃 사랑</td><th>인성 덕목</th><td>나눔, 배려, 타자에 대한 이해</td></tr>
<tr><th>활동목표</th><td colspan="3">• 이야기의 내용에 자신의 감정을 이입할 수 있다.
• 이야기의 장면을 분석할 수 있다.</td></tr>
<tr><th>단계</th><td>2단계-융합단계</td><th>주요 활동</th><td>이야기 데이터 만들기
이야기 코딩하기</td></tr>
<tr><th>준비물</th><td colspan="3">포스트잇, 필기도구, 색연필
필요한 도구: 브레인스토밍, 마인드맵</td></tr>
<tr><th>도입</th><td colspan="3">그림책 『무지개 아줌마』 이야기를 요약해서 그룹별로 발표한다. 이때 발표 내용이 겹치지 않게 앞 사람이 발표한 내용은 빼고 빠진 부분을 중심으로 발표한다.</td></tr>
<tr><th>전개</th><td colspan="3">1. 이해와 감상
2. 자의적 해석
가장 기억에 남는 장면은 무엇인가요?
예: 구청 직원이 찾아와 무지개 아줌마에게 집을 회색으로 칠하라고 하는 장면
– 이 장면에서 느끼는 감정이나 하고 싶은 말 등 아이들의 다양한 이야기를 포스트잇에 적는다.(데이터 수집)
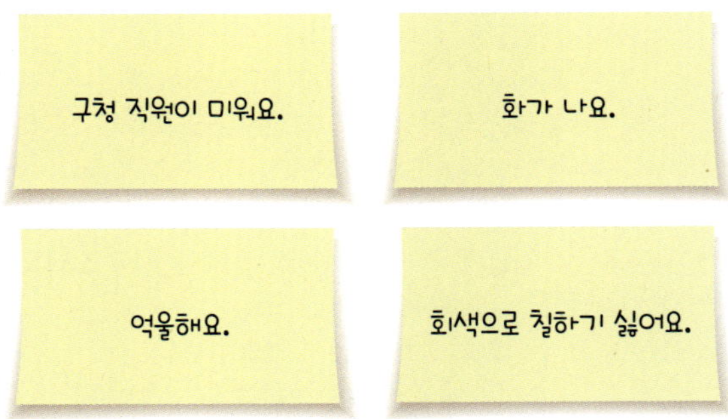

3. 이야기 데이터 수집(마인드맵)
– 마인드맵을 활용하여 이야기의 새로운 정보를 만든다.(이야기 데이터)
4. 재구성-코딩단계
– 마인드맵에서 나온 이야기 데이터를 활용하여 이야기를 다르게 만들어 본다.(이야기 코딩)
– 무지개 아줌마도 이런 감정이었겠네요. 그럼 무지개 아줌마의 행동을 바꿔 볼까요? 어떻게 바꾸면 좋을까요?
– 일방적으로 통보받은 장면을 아이들이 새로운 주제를 뽑아서 장면을 바꿀 수 있도록 유도한다.(장면의 사건으로 새로운 이야기 쓰기)</td></tr>
<tr><th>마무리</th><td colspan="3">바꾼 이야기를 그룹별로 발표한다.</td></tr>
</table>

<table>
<tr><td>그림책</td><td>무지개 아줌마</td><td>차시</td><td>6차시</td></tr>
<tr><td>주제</td><td>공동체 의식과 시민의식</td><td>인성 덕목</td><td>시민성, 인권</td></tr>
<tr><td>활동목표</td><td colspan="3">• 오디오극을 이해할 수 있다.
• 이야기를 오디오극으로 재구성할 수 있다.</td></tr>
<tr><td>단계</td><td>3단계–표현단계</td><td>주요 활동</td><td>미디어로 내보내기(오디오 드라마)</td></tr>
<tr><td>준비물</td><td colspan="3">표현카드, 녹음장비(휴대폰)</td></tr>
<tr><td>도입</td><td colspan="3">오디오 드라마 한 편을 들어 본다.</td></tr>
<tr><td>전개</td><td colspan="3">2단계 융합 활동에서 만든 이야기를 오디오극 형태로 만든다.
• 내용: 구청 직원이 무지개 아줌마의 집을 회색으로 칠하라고 하는 편지를 전달하는 장면에서 감정, 느낌, 행동 등의 데이터를 활용하여 새로운 주제의 이야기로 만든다.(전 차시–2단계 활동)
– 이 이야기를 등장인물, 사건, 배경으로 구성하여 오디오극 대본을 만든다.
예 1: 구청장이 강제로 개인의 집 색깔을 바꾸라고 하는 것은 인권 침해다. 그러므로 구청장을 고발한다. 배경을 법정으로 만들고 등장인물은 판사, 검사, 변호사로 각자의 입장에서 변론하는 극으로 구성한다.
– 2차시에서 나온 내용이므로 2차시에서 미리 판사, 변호사, 검사의 역할에 대해 알아 올 수 있도록 과제를 준다.
예 2: 회색으로 칠한 무지개 아줌마에게 다시 무지개색으로 칠하라는 명령서에 불복한 무지개 아줌마, 대안으로 벽화를 그린다. 벽화가 유명해지고 마을은 벽화마을이 되어 세계적인 관광명소가 된다.

• 오디오극의 개념과 오디오극에 대한 이해를 하고 오디오극 대본을 만든다.
• 대본을 만들고 효과음을 만든다.
• 대본에 따라 역할을 정하고 연기 연습을 한다.
• 연습 후 녹음한다.(녹음은 일반 녹음기 또는 휴대폰으로 가능)</td></tr>
<tr><td>마무리</td><td colspan="3">녹음한 내용을 들어 보고 평가한다.</td></tr>
</table>

■ 『빈 화분』 데미 글 · 그림 | 서애경 역 | 사계절 | 2006. 10. 27.

그림책	빈 화분	차시	7차시
주제	정직하게 말하는 것도 용기다	인성 덕목	용기, 정직
활동목표	• 그림책의 내용을 이해할 수 있다. • 등장인물의 성격, 심리, 행동 등을 파악할 수 있다.		
단계	1단계-수용단계	주요 활동	그림책 듣기, 등장인물 분석
준비물	질문카드, 행동카드		
도입	좋아하는 꽃 말하기		
전개	**1. 이야기 수용 준비** 표지 읽기 – 아이가 들고 있는 화분은 비어 있어요. 왜 빈 화분을 들고 있을까요? – 이 빈 화분에 무엇을 심고 싶나요? **2.이야기 들려주기(본문 읽기)** 등장인물 분석 – 등장인물 핑, 임금, 아버지의 성격과 심리적 갈등, 감정, 행동 등을 분석한다. – 핑이 최선을 다해 꽃을 키웠지만 싹이 나지 않았어요. 그때 핑의 기분은 어땠을까요? – 꽃이 피지 않은 화분을 들고 왕궁으로 가야 하는 핑의 마음은 어땠을까요? – 아버지의 성격은 어떤가요? – 임금님은 어떤 성격을 가진 사람일까요? 임금님의 행동은 어떤가요? **3. 생각/느낌 더하기** 내용분석 – 임금님은 왜 삶은 씨앗을 나눠 줬을까요? – 날마다 정성을 드린 화분에 아무 기미가 없었어요. 여러분이라면 마음이 어땠을까요? – 아버지가 핑에게 빈 화분을 들고 가라고 한 것은 어떤 의미일까요? – 핑처럼 여러분도 정성 들여 하는 것이 있나요? 무엇인가요? – 힘들지만 자신의 결과를 솔직하게 말해 본 적이 있나요? – 책 속에서 기억에 남는 장면은 무엇인가요? – 이 책의 내용을 단어 하나로 표현할 수 있나요? **4. 경험의 수용** – 핑처럼 최선을 다했지만 핑처럼 결과가 나쁠 때도 있었나요? 그때 어떤 생각을 했나요? **5. 생각/느낌 나누기** – 질문카드, 행동카드 활용		
마무리	빈 화분에 좋아하는 꽃씨를 심는다.		

<table>
<tr><td>그림책</td><td>빈 화분</td><td>차시</td><td>8차시</td></tr>
<tr><td>주제</td><td>정직하게 말하는 것도 용기다</td><td>인성 덕목</td><td>용기</td></tr>
<tr><td>활동목표</td><td colspan="3">• 이야기의 장면을 분석할 수 있다.
• 자신의 감정을 표현할 수 있다.</td></tr>
<tr><td>단계</td><td>2단계–융합단계</td><td>주요 활동</td><td>이야기 데이터 모으기
이야기 코딩하기</td></tr>
<tr><td>준비물</td><td colspan="3">포스트잇, 필기도구, 색연필
필요한 도구: 브레인스토밍, 마인드맵</td></tr>
<tr><td>도입</td><td colspan="3">그림책『빈 화분』이야기를 그룹별 릴레이 형식으로 발표한다.
– 이때 한 사람이 내용을 다 발표하는 것이 아니라 그룹 인원 수에 따라 이야기 이어가기 형식으로 발표해야 하므로 각자의 이야기 분량을 조절해야 한다.</td></tr>
<tr><td>전개</td><td colspan="3">1. 이해와 감상–이해를 위한 사전단계
2. 자의적 해석–이해단계
– 가장 기억에 남는 장면은 무엇인가요?
빈 화분을 가지고 간 핑 / 핑 아버지의 행동 / 임금의 행동
– 기억에 남는 장면의 이유를 들어 본다.
3. 이야기 데이터 수집(마인드맵)
– 마인드맵을 활용하여 이야기의 새로운 정보를 만든다.(이야기 데이터)
4. 재구성–코딩단계
– 마인드맵에서 나온 이야기 데이터를 활용하여 이야기를 다르게 만들어 본다.(이야기 코딩)
– 포스트잇에 이유를 적는다.
– 마인드맵을 이용해서 이야기 데이터를 모은다.
– 도출된 코드(용기)에 대한 자기 생각을 그림으로 표현한다.
– 내가 생각하는 용기란 무엇인가요?

</td></tr>
<tr><td>마무리</td><td colspan="3">내가 생각하는 용기에 대한 정의와 그림을 발표한다.</td></tr>
</table>

그림책	빈 화분	차시	9차시
주제	용기 있는 행동	인성 덕목	용기
활동목표	• 나의 행동에 대해 비판적 사고를 할 수 있다. • 동요를 개사하여 부를 수 있다.		
단계	3단계-재구성	주요 활동	미디어로 내보내기(뮤직비디오)
준비물	표현카드, 영상 촬영 장비		
도입	〈행동 알아맞히기 게임〉 ① 용기 박스 안에 내가 했던 용기 있는 행동을 적어서 넣는다. ② 용기 박스 안에 있는 종이를 한 장씩 뽑아 읽는다. ③ 내용의 행동을 했을 것 같은 친구를 맞힌다.		
전개	〈뮤직비디오 만들기〉 ① 잘 알고 있는 동요를 선택한다. ② 동요를 다함께 불러 보고 동요 가사를 적어 본다. ③ 용기 있는 행동을 선택한 동요에 맞게 개사한다. ④ 개사한 내용을 4컷으로 행동 장면을 그림으로 그린다. ⑤ 그림으로 표현한 행동을 사진을 찍고 동영상으로 편집한다. ⑥ 개사한 동요를 녹음한다. ⑦ 녹음한 것을 동영상에 삽입한다.		
마무리	만든 뮤직비디오를 다함께 시청하고 평가한다.		

■『알사탕』 백희나 글 · 그림 | 책읽는곰 | 2017. 3. 25.

<table>
<tr><td>그림책</td><td>알사탕</td><td>차시</td><td>10차시</td></tr>
<tr><td>주제</td><td>타자에 대한 이해</td><td>인성 덕목</td><td>관계 맺기</td></tr>
<tr><td>활동목표</td><td colspan="3">• 그림책 내용을 이해할 수 있다.
• 등장인물의 성격, 심리, 행동 등을 분석할 수 있다.</td></tr>
<tr><td>단계</td><td>1단계-수용단계</td><td>주요 활동</td><td>그림책 듣기, 내용 분석</td></tr>
<tr><td>준비물</td><td colspan="3">그림책, 질문카드, 행동카드</td></tr>
<tr><td>도입</td><td colspan="3">알사탕에 대한 경험 나누기</td></tr>
<tr><td>전개</td><td colspan="3">1. 이야기 수용 준비
표지 읽기
– 아이의 표정이 어떤 것 같나요?
– 아이는 왜 사탕을 들여다보고 있을까요?
2. 이야기 들려주기(본문 읽기)
등장인물 분석
– 주인공 동동이는 어떤 아이인가요?(성격, 심리, 행동, 감정 등)
3. 생각/느낌 더하기
– 놀이터에서 혼자 구슬치기 하는 동동이의 마음은 어떨까요?
– 왜 동동이는 친구 없이 혼자 놀까요?
– "혼자 노는 것도 나쁘지 않다."라고 하는 동동이의 말 속에는 어떤 마음이 들어 있을까요?
– 알사탕을 먹은 뒤 사물들의 속마음을 들을 수 있는 동동이의 기분은 어떨까요?
4. 경험의 수용
– 그림책 속 아빠의 잔소리 중 우리 아빠/엄마는 나에게 어떤 잔소리를 하나요?
5. 생각/느낌 나누기
– 나는 어떤 알사탕을 먹고 싶은가요? 왜 그런가요?
– 왜 알사탕을 먹기 전에는 아무 소리도 듣지 못했을까요?
– 구슬을 사러 간 동동이에게 문방구 할아버지는 왜 알사탕 봉지를 줬을까요?
– 아빠의 속마음은 어떤가요?
– 만약, 내가 아끼는 물건의 속마음을 듣는다면 어떤 이야기를 할 것 같나요?</td></tr>
<tr><td>마무리</td><td colspan="3">'내가 아끼는 물건이 나에게 말을 건다면 무슨 말을 할까요?' 편지 쓰기</td></tr>
</table>

<table>
<tr><td>그림책</td><td>알사탕</td><td>차시</td><td>11차시</td></tr>
<tr><td>주제</td><td>내 마음 표현하기</td><td>인성 덕목</td><td>관계 맺기, 용기</td></tr>
<tr><td>활동목표</td><td colspan="3">• 그림책의 내용을 이해하고 나의 경험과 연결할 수 있다.
• 다양한 이야기 데이터를 주제별로 분류할 수 있다.</td></tr>
<tr><td>단계</td><td>2단계-융합 활동</td><td>주요 활동</td><td>이야기 데이터 모으기
이야기 코딩하기</td></tr>
<tr><td>준비물</td><td colspan="3">포스트잇, 필기도구, 색연필
필요한 도구: 브레인스토밍, 마인드맵</td></tr>
<tr><td>도입</td><td colspan="3">• 내가 먹고 싶은 알사탕의 표정을 표현해 보기
• 알사탕을 먹고 들리는 사물의 속마음을 정지 화면으로 표현하기</td></tr>
<tr><td>전개</td><td colspan="3">1. 이해와 감상-이해를 위한 사전단계
2. 자의적 해석-이해단계
– 가장 기억에 남는 장면은 무엇인가요? 왜 그렇게 생각하나요?
– 마지막 투명한 사탕을 먹고 용기를 낸 동동이에게 해 주고 싶은 말은 무엇인가요?
– 용기가 나지 않아 친구들에게 먼저 말 걸지 못했던 경험이 있나요? 있다면 언제였을까요?
– 책 속의 이야기를 질문으로 바꿔서 대답하기
예) 나는 혼자 논다: 나는 왜 혼자 놀까?
혼자 노는 것도 나쁘지 않다: 정말 혼자 노는 것도 나쁘지 않을까?
※ 질문의 대답을 포스트잇에 적는다.

3. 이야기 데이터 수집(마인드맵)
– 마인드맵을 활용하여 이야기의 새로운 정보를 만든다.(이야기 데이터)
4. 재구성-코딩단계
– 마인드맵에서 나온 이야기 데이터를 활용하여 이야기를 다르게 만들어 본다.(이야기 코딩)</td></tr>
<tr><td>마무리</td><td colspan="3">• 엄마에게 나의 속마음 전달하기(편지 쓰기)
• 알사탕을 선물한다면 누구에게 선물하고 싶나요?(나의 속마음을 알려 주고 싶은 친구에게 선물하기)</td></tr>
</table>

<table>
<tr><td>그림책</td><td>알사탕</td><td>차시</td><td>12차시</td></tr>
<tr><td>주제</td><td>내 마음 표현하기</td><td>인성 덕목</td><td>용기, 통찰</td></tr>
<tr><td>활동목표</td><td colspan="3">• 이야기를 재구성할 수 있다.
• 녹음하여 동영상으로 제작할 수 있다.</td></tr>
<tr><td>단계</td><td>3단계– 표현단계</td><td>주요 활동</td><td>미디어로 내보내기(그림책 만들기)</td></tr>
<tr><td>준비물</td><td colspan="3">표현카드, 녹음장비(휴대폰 활용), 신문이나 잡지, 풀, 가위</td></tr>
<tr><td>도입</td><td colspan="3">〈이구동성 게임〉
그림책의 한 장면을 보고 생각나는 단어를 동시에 이야기하기(그룹별 진행)</td></tr>
<tr><td>전개</td><td colspan="3">1. 결과물 기술방법에 대한 전략
2. 표현단계의 진행과정
– 2단계 융합 활동에서 나온 이야기 코드를 그룹별로 재구성한다.
– 재구성한 내용을 그림책 스토리로 만든다.
– 스토리를 그룹별로 녹음한다.(휴대폰 활용)
– 스토리에 맞게 사진, 잡지, 신문 등에서 콜라주 기법을 이용하여 그림책을 만든다.
– 만든 책을 사진기로 촬영한다.(휴대폰 활용)
– 촬영한 그림과 녹음한 음성파일을 동영상으로 제작한다.</td></tr>
<tr><td>마무리</td><td colspan="3">만든 동화를 다함께 감상하고 평가한다.</td></tr>
</table>

【부록 3】 활용카드(잘라서 사용하세요.)

〈질문카드〉

주인공은 문제가 해결된 후 어떻게 했을까요?	주인공은 문제를 어떻게 해결했나요?
이야기 속에서 가장 감동받은 장면은 어디인가요? 왜 그런가요?	작가가 왜 이 이야기를 썼을까요?
이 이야기를 듣고 새로운 사실을 알게 됐다면 어떤 것이 있을까요?	이야기 속에서 어떤 인물이 나와 비슷한가요? 왜 그렇게 생각하나요?
이야기 속의 사건이 현실에서 일어났을때 나라면 어떻게 할까요?	등장인물 (　　　)와 (　　　)를 어떤 동물(식물)로 표현할 수 있을까요?

이야기에서
가장 중요한 사건은 무엇인가요?
왜 그렇게 생각하나요?

이 사건은
왜 그렇게 진행됐을까요?

이야기의 뒷이야기는
어떻게 될까요?

이 장면에서 등장인물은
왜 그런 행동을 했을까요?

주인공이 해결한 사건을
다르게 해결할 수 있는
방법은 무엇이 있을까요?

나는 이 이야기를 읽고
무엇을 알 수 있을까요?

배경을 바꾼다면
무엇을 바꿀 수 있을까요?

배경이 달라지면
이야기는 어떻게 될까요?

새로운 인물을 등장시킨다면
그 역할은 무엇일까요?

그 장면에서 사건이 바뀌었다면
어떻게 되었을까요?

이야기에서
바꾸고 싶은 장면이 있다면
어디일까요?

현재와 연관해서
상상해 본다면 어떨까요?

등장인물 한 명을 뺀다면
누구를 빼고 싶은가요?
왜 그런가요?

이야기의 한 부분을
지울 수 있다면
어떤 부분을 지우고 싶나요?
그 이유는?

이 그림을 보고
무엇이 예상되나요?

내가 작가라면
이야기를 어떻게 쓰고 싶나요?

제목이나 표지를 보고
떠오르는 것은 무엇인가요?

왜 이 제목으로 했을까요?
다른 제목이라면?

그 장면에서 등장인물의
기분은 어땠을까요?
왜 그렇게 생각하나요?

주인공(등장인물)의 기분이
왜 이럴까요?

나라면 이 장면에서
어떤 기분이었을까요?

이 상황에서
등장인물과 내 기분이
같지 않다면 왜 그럴까요?

이런 기분을
느꼈던 적이 있나요?

등장인물이 하지 못한 말을
내가 대신해 준다면
어떤 말을 할 수 있을까요?
왜 그렇게 생각하나요?

내가 주인공이라면
이 장면에서
어떤 기분이었을까요?

그 장면에서
등장인물의 마음은
어땠을까요?
왜 그렇게 생각하나요?

등장인물과 같은 경험을
한 적이 있나요?

등장인물에게
해 주고 싶은 말이 있나요?

등장인물 중
누가 가장 마음에 드나요?
왜 그런가요?

이 장면에서 등장인물이
왜 그런 행동(말)을 했을까요?
그 입장이 되어 변호해 보세요.

이 책을 어떤 친구에게
소개하고 싶나요?
왜 그런가요?

등장인물 중 마음에 들지 않는
인물이 있나요?
왜 그런가요?

이 장면에서
등장인물이 원하는 것은
무엇이었을까요?

나라면 이 장면에서
어떻게 했을까요?

이 이야기에서
갈등의 원인은 무엇일까요?

주인공은 무엇을
원하고 있나요?

주인공의 문제를 해결하는
방법이 마음에 드나요?

내가 작가라면 이 문제를
어떻게 해결하고 싶나요?

이 이야기 내용 중
내가 하고 싶은 일은
무엇인가요?

등장인물 (　　)가 주인공에게
자신의 입장을 말한다면
어떤 말을 할까요?

〈행동카드〉

몸으로 표현해 보세요.	그림으로 그려 보세요.
노래로 만들어 보세요.	그 역할이 되어 연기해 보세요.
그것에게 편지를 써 보세요.	내가 등장인물(그것)이 되어 편지를 써 보세요.
글로 써 보세요.	말로 표현해 보세요.

표정을 만들어 보세요.

이야기를 시로
표현해 보세요.

등장인물 인물탐구 보고서를
만들어 보세요.

등장인물에게
상장을 만들어 주세요.

폐품을 활용해서
장면을 만들어 보세요.

주변의 물건을 활용해서
만들어 보세요.

신문이나 잡지를 잘라서
만들어 보세요.

이야기의 한 장면을
정지 장면으로 만들어 보세요.

나만의 독서 낱말 사전을
만들어 보세요.

십자퍼즐을 만들어 보세요.

스무고개 퀴즈를
만들어 보세요.

아리랑 곡선으로
만들어 보세요.

필요한 선물을 만들어 주세요.

쇼호스트가 되어
진행하세요.

강연자가 되어 보세요.

4컷 만화를 만들어 보세요.

〈표현카드〉

광고	인터뷰
뉴스	감정 캐스터
다큐멘터리	드라마
음악극	만화

책 만들기	팟캐스트
오디오북	뮤직비디오
그림자극	인형극
카드뉴스	게임 만들기

일기예보	인간극장
토의	영상 촬영
낭독극	유튜브
신문 기사	공익광고

저자소개

이연순

숙명여자대학교 대학원 창의콘텐츠 전공 인문학 석사

現) 아이두런 대표

(사)색동어머니회 이사

성남미디어센터 시민라디오제작단 단장

성남문화재단 강사

서울여자대학교 바롬인성교육 강사

한국장학재단 대학생 사회리더 멘토

인문학 아카데미 강사

유치, 초등, 중등 그림책놀이 및 낭독공연

유치, 초등 부모교육 강사

자격: 평생교육사, 동화구연가, 그림책 놀이지도사, 창의놀이지도사, 발달평가사, 미디어융합독서지도사, 독서논술지도사, 독서심리상담사

아이 맘을 읽어 주는

미디어융합독서와 창의성 발달

초판 1쇄 인쇄 2019년 11월 11일
초판 1쇄 발행 2019년 11월 15일

지 은 이 | 이연순
펴 낸 이 | 김기섭
편 집 인 | 이혜란
펴 낸 곳 | 창지사 www.changjisa.com
08589 서울시 금천구 가산디지털 1로 83 파트너스타워 1차 9층
전화 (02)719-2211~3
팩스 (02)701-9386
등 록 | 1977년 4월 28일 · 제1-421호

ISBN 978-89-426-1260-4 (93370)

값 22,000원

「이 도서의 국립중앙도서관 출판예정도서목록(CIP)은 서지정보유통지원시스템 홈페이지(http://seoji.nl.go.kr)와 국가자료공동목록시스템(http://www.nl.go.kr/kolisnet)에서 이용하실 수 있습니다.(CIP 제어번호 : CIP2019045417)」